おいしい彩り野菜のつくりかた

7色で選ぶ128種

農文協 編
藤目幸擴 監修

はじめに

「黒い大根なんてあったのね！」
直売所では珍しい色の野菜が人気です。
紫色のダイコンやハクサイ、オレンジ色のカリフラワー、緑のトマトに白いナス。
思いがけない色の野菜が増えて華やかになってきました。

それらはもともと、いろんな国々で昔から大事に作られてきた野菜。
その野菜のふるさとに思いを馳せながら作るのもまた楽しいものです。
色自体が持つ抗酸化力などの機能性成分にも注目が集まっています。

そんな色とりどりの野菜を、
赤、オレンジ、黄、緑、紫、黒、白色の7色に分けて、
おいしい作り方、食べ方をご紹介します。

色とりどりの野菜で気分もわくわく楽しい畑になりますように。

目次 CONTENTS

- はじめに …………………………………………… 2
- 目次 ………………………………………………… 4
- この本の使い方 …………………………………… 6
- 彩り野菜をまいてみませんか？ ………………… 9
- 彩り野菜のふるさと ……………………………… 10
- 彩り野菜の四季・季節の色と野菜 ……………… 12

コラム COLUMN

- まだまだある彩り野菜 …………………………… 30
- エディブルフラワー ……………………………… 38
- コンパニオンプランツ …………………………… 48
- 野菜の色と健康① ………………………………… 72
- 野菜の色と健康② ………………………………… 88
- 土地と人が守り育てた野菜 ……………………… 94

赤い野菜　女性にうれしい成分がいっぱい

- タルディーボ ……………………………………… 14
- プレコーチェ ……………………………………… 15
- ボルゲーゼトマト ………………………………… 16
- サンマルツァーノトマト ………………………… 17
- ビーツ（テーブルビート） ……………………… 18
- 紅くるり大根 ……………………………………… 19
- 赤タマネギ ………………………………………… 20
- イタリアンパプリカ ……………………………… 21
- 赤オクラ／赤軸ホウレンソウ …………………… 22
- うずまきビーツ／マイクロトマト ……………… 23
- 紅芯大根／紅化粧大根 …………………………… 24
- ロロロッサレタス／レッドオークレタス ……… 25
- ノーザンルビー／アンデスレッド ……………… 26
- 赤スイスチャード／赤二十日大根 ……………… 27
- 金時ニンジン／レッドオゼイユ ………………… 28
- レッドゼブラトマト／赤ネギ …………………… 29

オレンジの野菜　あこがれて、人が育てた色

- コリンキー ………………………………………… 32
- オレンジカリフラワー …………………………… 33
- ベーターリッチ／オレンジナス ………………… 34
- オレンジパプリカ／オレンジミニパプリカ …… 35
- 食用ホオズキ／オレンジミニトマト …………… 36
- オレンジスイスチャード／ミニニンジン ……… 37

黄色い野菜　見て楽しい、食べてうれしい

- 食用菊 ……………………………………………… 40
- 黄ズッキーニ ……………………………………… 41
- 黄スイスチャード ………………………………… 42
- そうめんかぼちゃ ………………………………… 43
- 花オクラ／アスパラ菜 …………………………… 44
- ゴールデンビーツ／金美ニンジン ……………… 45
- 黄イタリアンパプリカ／黄ミニパプリカ ……… 46
- ゴールデンスイート／黄金カブ ………………… 47

緑の野菜 暑い夏をのりきるスタミナたっぷり

- プンタレッラ ……… 50
- セルバチコ ……… 51
- アーティチョーク ……… 52
- チーマディラーパ ……… 53
- マーシュ ……… 54
- 韓国ズッキーニ（エホバッ）……… 55
- アスパラソバージュ ……… 56
- 翡翠ナス ……… 57
- コールラビ ……… 58
- スベリヒユ ……… 59
- ロマネスコ／エンダイブ ……… 60
- 緑ミニトマト／リーフチコリー ……… 61
- 緑パプリカ／バナナピーマン ……… 62
- プチヴェール／芽キャベツ ……… 63
- イタリアンパセリ／チャービル ……… 64
- パクチー（コリアンダー）／十六ササゲ ……… 65
- クウシンサイ（エンサイ）／シカクマメ ……… 66
- ナーベーラー／サヤダイコン ……… 67
- コゴミ／シュンギク ……… 68
- ミニキュウリ／わさび菜 ……… 69
- ムスクラン／アグレッティ ……… 70
- エゴマ／グリーンカリフラワー ……… 71

紫の野菜 元気に長生き

- ヴィオレッタ・ディ・フィレンツェ ……… 74
- 紫アーティチョーク ……… 75
- スイゼンジナ ……… 76
- 紫ケール ……… 77
- 紫カリフラワー／紅しぐれ大根 ……… 78
- 紫ミズナ／コウサイタイ ……… 79
- あやめ雪カブ／シャドークイーン ……… 80
- ゼブラナス／紫コマツナ ……… 81
- 紫芽キャベツ／紫パプリカ ……… 82
- もって菊／紫二十日大根 ……… 83
- 紫ササゲ／パープルスティック ……… 84
- 紫カラシナ／トスカーナバイオレット ……… 85
- 紫とうがらし／紫バジル ……… 86
- 紫エンドウ／紫ハクサイ ……… 87

黒い野菜 おいしさと栄養がギュッとつまった

- 黒ダイコン ……… 90
- 黒キャベツ ……… 91
- 黒ニンジン ……… 92
- 黒パプリカ／米ナス ……… 93

白い野菜 とれたてはまるで白く輝く宝石

- カステルフランコ ……… 96
- セルリアック ……… 97
- リーキ ……… 98
- フェンネル ……… 99
- 白ナス ……… 100
- カリフローレ／白ゴーヤ ……… 101
- 白トウモロコシ／ヤングコーン ……… 102
- ウド／ウルイ ……… 103
- 白ニンジン／白ミニトマト ……… 104
- UFOズッキーニ／白タマネギ ……… 105
- 白オクラ／仙人菊 ……… 106
- 白パプリカ／スイスチャード ……… 107

＊ ＊ ＊

- 栽培のコツ1 彩り野菜は石灰を入れて、高ウネで ……… 108
- 栽培のコツ2 彩り野菜の育苗のコツ ……… 110
- 栽培のコツ3 彩り野菜の施肥 ……… 112
- 色の組み合わせをいかした料理、見せ方 ……… 114
- 彩り野菜の栽培ごよみ ……… 116

- 科名さくいん ……… 124
- おもな種子の入手先 ……… 126
- 参考文献 ……… 127

この本の利用法

ここがおすすめ！
この野菜のおすすめのポイント、キャッチフレーズです。野菜の特徴と料理方法、機能性とその効果、はじめて食べるときの注意、下ごしらえのコツ、おすすめの料理などをご紹介します。
食卓でこの野菜を話題にしたり、直売所でお客様に紹介するときにご利用ください。

野菜の名称について
新顔の野菜の場合には、流通している市場名称と植物の正式名称が異なる場合があります。この本では一般に流通し定着しはじめている名称ということで便宜的に市場名称を優先し、和名をカッコで併記しました。また、品種名や市場名称が漢字やひらがなの場合にも、なるべくその表記にあわせるようにしています。
品種名は「」で囲んでいます。

コリンキー

ウリ科 *Cucurbita maxima*

栽培ごよみ→117ページ

コリンキーのポン酢がけ
ツルッとしておいしい

生食むけのサラダカボチャ
皮も果肉も鮮やかなレモン色。皮ごと薄くスライスして生のままサラダや野菜スティックにします。生はコリコリ、炒めると軟らかくなります。クセがなく、甘すぎず、お年寄りにも好まれます。お盆のお供えにしても映え、使いでがあります。母親系統に西洋カボチャが使われているので、カリウム、カロテンやビタミンCを豊富に含み、がん予防やコレステロール調整、抗酸化作用やアンチエイジング効果が期待されています。

◉開花15日〜若採りで
開花から10〜15日後、オレンジ色がまわって、お尻の縁がなくなったら採りごろです。若採りと追肥で株を疲れさせなければ、夏中収穫できます。春まきの収穫後、8月に再度種子をまくと、霜が降りる前、オレンジ色がテーマカラーのハロウィン（10月31日）にむけて収穫できます。

◉ポン酢でさっぱり夏のサラダ
薄切りにしてポン酢とあえ、鰹節をかけると手軽な一品になります。千切りにしてキュウリとあわせたり、浅漬けでも。薄切りにして豚肉などと炒めてもおいしい。生食用なのを忘れて、普通の硬いカボチャのつもりで長くゆでると軟らかくなりすぎます。注意しましょう。

科と学名
野菜は分類の『科』ごとに似た性質を持っています。その性質を理解すると栽培に応用できます。巻末(124ページ)に科別の索引をつけました。
学名はその野菜の本名で、万国共通のラテン語です。海外で作っている野菜も多いので、調べ物をするときなどにお役立てください。

memo
国産の新品種
2002年にサカタのタネと山形セルトップが品種登録しました。母親はオーストラリアの「B625」、父親は加賀野菜「打木赤皮栗」です。『芋煮会』発祥の地、山形県東村山郡中山町生まれ。歯ざわりがよいので出願時は「かりっこ」だったそうです。

memo
この野菜の故事来歴、機能性、品種などです。すでに栽培している方にも参考にしていただけそうな豆知識を紹介します。
特に役立たないかもしれませんが、この野菜をもっと好きになっていただけるのではないかと思います。ただし脱線もあります。

どうやって食べるの？
1ページで扱う野菜について、彩りや栄養をいかした料理法を追加しています。伝統的な料理法がある場合にもご紹介します。

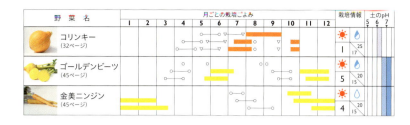

野菜名	月ごとの栽培ごよみ												栽培情報	土のpH
	1	2	3	4	5	6	7	8	9	10	11	12		5 6 7
コリンキー (32ページ)					○—▽	——	━━	━━	━━	▽—○			☀💧 1	25 / 17
ゴールデンビーツ (45ページ)			○	○—▽	━━	━━	▽		○—▽	━━	━━	━━	☀💧 5	20 / 15
金美ニンジン (45ページ)				○—▽	━━	━━				▽			☀💧 4	20 / 15

ゴールデンビーツ

ヒユ科 *Beta vulgaris* ssp. *vulgaris* var. *vulgaris*

肌に良い 黄金色

　赤いビーツよりもマイルドで、甘くジューシーです。生で薄切り、ゆでてサイコロに切ってサラダにします。黄色い葉は、ホウレンソウのようにゆでて食べられます。非常に安定した天然色素（ベタキサチン：黄色）を持ち、ビタミン、ミネラル、天然のオリゴ糖が豊富で、鉄分の吸収も良いので特に肌に良い野菜といわれます。

◉苦土石灰で土壌を中性に

　酸性土壌は苦手です。10℃以下の低温で花芽分化し、さらに14時間以上の日長で抽苔が促進されます。種子は発芽しにくいので厚まきにします。

栽培ごよみ ➡118ページ

memo　アメリカのゴールデンビーツ
黄色いビーツが登場したのは1800年ごろといわれますが、アメリカの種苗商が1940年代に「バービーの黄金ビーツ」としてカタログに掲載し、人気を博しました。土の中から金が現れるのを夢見たのでしょうか。

金美ニンジン
（きんび）

セリ科 *Daucus carota* L. ssp. *sativus* Arcang.

煮ると黄色く透きとおる

　シチュー、スープ、カレーに入れて加熱すると透きとおって艶が出て、いつまでもきれいな黄色が残ります。ニンジンくささやエグみがなく、とても甘いので子どもにも喜ばれます。生のままサラダやジュースにしても甘くておいしい。

◉初秋の地温で発色

　低い地温で黄色く発色しますが、あまり低すぎても発色しないので遅まきはさけます。横に大きく育つので7cm間隔で間引きます。熟期90～100日の夏まきの早生種です。

栽培ごよみ ➡118ページ

memo　目を守るルテインが豊富
「金美ニンジン」（みかど協和）は、沖縄の島ニンジンを改良して作られた品種です。より色が濃い「金美EX」もあります。電子機器などの光から目を守るといわれるルテインが、オレンジ色のニンジンの約2.5倍含まれています。

栽培ごよみ
土壌pHや水分や光などの栽培条件や、種まきや収穫時期などの『栽培ごよみ』（作型）は巻末にまとめて収録してあります。

調理の目安
生、ゆでる、焼く（炒める）、揚げる、煮るの5つの調理法のうち、色をいかす調理法を紹介しています。ほかの食べ方ができないわけではなく、料理に色を残したり、成分を上手に取り込むための目安とお考えください。

どうやって作るの？
栽培方法や収穫適期のポイントです。
発芽や仕立のコツ、発色を良くする工夫のほか、わかりにくい収穫適期なども紹介しています。
野菜の基本的な育て方については、他の栽培書なども参考になさってください。

機能性や成分の表記
機能性や成分について、誤解のない範囲で略称を用いている場合があります。たとえば、カロテンは正式にはβ-カロテン（ベータカロテン）です。カロチンとも呼ばれます。

紫コマツナ(p.81)

こんど彩り野菜を
ひとウネまいてみませんか？

イタリア トスカーナ州
黒キャベツのスープ『リッボリータ』(p.91)

シリアのスベリヒユのサラダ
『ファトゥーシュ』(p.59)

韓国ズッキーニの炒めもの
『ホバッナムル』(p.55)

トルコの紫バジルジュース
『レイハン シェルバット』(p.86)

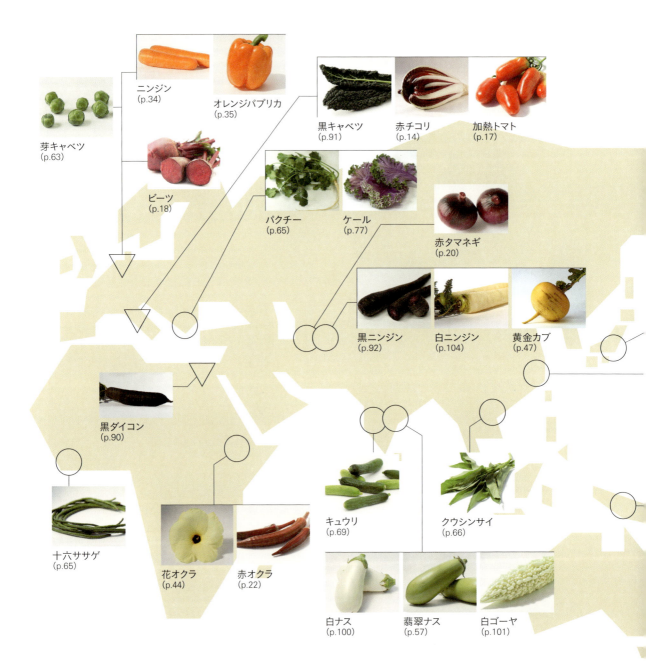

彩り野菜のふるさと

私たちの祖先は、自生していた植物や海外からやってきた植物をもとに、食卓を彩るさまざまな野菜を育成してきました。ここでご紹介するのは、各野菜のふるさと（原産地）と、野菜の形や色などが改良されて新たな品種が生まれた土地（育成地）の一部です。
（○は原産地、▽は育成地の目安）

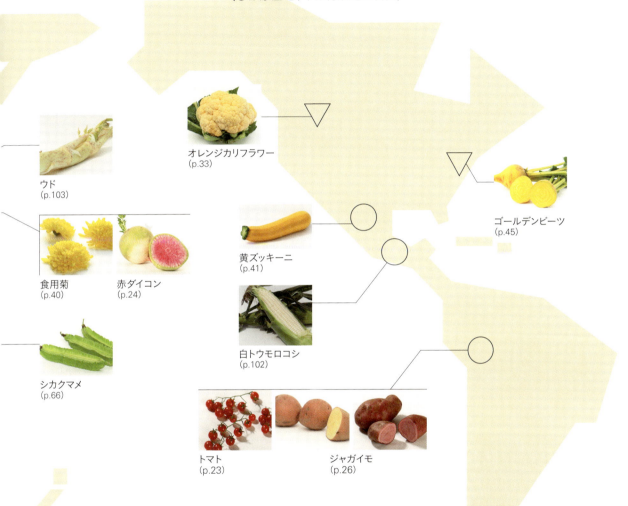

ウド (p.103)
オレンジカリフラワー (p.33)
ゴールデンビーツ (p.45)
食用菊 (p.40)
赤ダイコン (p.24)
黄ズッキーニ (p.41)
白トウモロコシ (p.102)
シカクマメ (p.66)
トマト (p.23)
ジャガイモ (p.26)

16世紀 新大陸発見
アメリカ大陸からヨーロッパへトマト、ジャガイモ、トウモロコシ、トウガラシ伝わる
芽キャベツが生まれる

芽キャベツ (p.63)

17世紀
イタリアでトマトが広がる

加熱トマト (p.17)

18世紀 飢饉
オレンジのニンジンがオランダから広がる

ニンジン (p.34)
ヨーロッパの飢饉をジャガイモが救う

19世紀
ヨーロッパから日本に西洋野菜が入る

20世紀
オレンジカリフラワー生まれる

オレンジカリフラワー (p.33)

彩り野菜の四季

　日本には四季があり、自然の色あいのなかに季節を感じてきました。そのため、日本の伝統色には、植物などの名前が多くついています。この本の7色のテーマカラーにも日本の伝統色を使っています。順番に茜色、柿色、菜の花色、若葉色、杜若色、消炭色、銀鼠色です。

　季節の色は、列島を約1カ月かけて北上する春のサクラ前線と、秋に南下する紅葉の見ごろにあわせて変わっていきます。特に春は暖かくなるのが待ち遠しいものです。そこで季節を少しだけ先取りする色を食卓やお店の棚のアクセントに使ってみてください。ぐっと華やかになります。秋には、温かみのあるオレンジ色や赤紫色がよいでしょう。

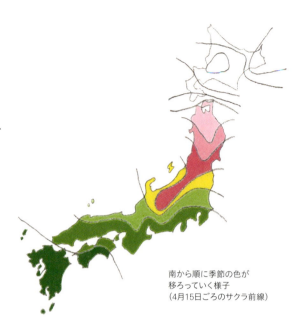

南から順に季節の色が
移ろっていく様子
（4月15日ごろのサクラ前線）

季節の色と野菜

春　新春は春の先取り
　　サクラが咲くまではピンク、赤。
　　早春は夏の先取り
　　サクラ前線の北上にあわせて菜の花やヒマワリの黄色、若葉色に。

紅くるり大根（酢漬、p.19）　　チーマディラーパ（p.53）

夏　6月からは新緑の季節。だんだん緑が濃くなっていくなかで、強い日差しに負けない紫色の野菜も出てきます。

韓国ズッキーニ　　　　　　　フィレンツェナス（p.74）
（ナムル、p.55）

秋　10月秋、紅葉の見ごろの南下にあわせて、オレンジ色と赤紫色で温かみを。ハロウィンカラー。

コリンキー（薄切り、p.32）　　紫ハクサイ（p.87）

冬　12月は赤と緑、黒で華やかさを。クリスマスカラー。

黒キャベツ（p.91）　　　　　トレビス（p.15）

赤い野菜

赤い野菜は女性にうれしい成分がいっぱい。トマトのリコペンはお肌をツルツルに。ビーツの成分、ベタシアニンは貧血予防に。古代ギリシャや古代ローマでは便秘の治療薬として使われていました。赤い野菜で畑を華やかに、体も元気にしてみませんか？

タルディーボ

キク科 *Cichorium intibus* L.

生 / ゆでる / 焼く / 揚げる / 煮る

栽培ごよみ ➡ 116ページ

世界で最も豪華で美しい野菜

手間のかかる軟白処理を行なって仕上げる、大変美しい野菜です。ルネッサンス時代から作られてきたキク科のチコリの仲間です。イタリア語で晩生(おくて)を意味する「タルディーボ」とよばれます。1870年頃、北イタリアのヴェネト州トレビーゾ県で農家の冬の野菜の保存方法として「軟白栽培」がはじまり、この形と味わいになりました。白い芯の部分はパリッとしてみずみずしく、ほのかな甘味とほろ苦さがあります。

◉晩秋の霜に2回あててから軟白処理

本葉4枚でウネ間60cm、株間40cmで盆すぎに定植、晩秋の霜に2回あて、土つきで掘りあげます。コンテナに立て、根元を12〜15℃の流水に浸けながら、暗室で2週間以上軟白処理します。傷んだ外葉を除き、根を化粧します。葉の長さ15〜25cm、重さ150g以上がイタリアの規格です。

◉加熱すると甘味が出る

くるっと巻いた葉がアクセントになって、とても華やかなサラダに。パリッとした歯ざわりとほろ苦さが最高です。グリルで焼くと苦味が消え、しっとりして甘味が増します。また、細かくきざんでバターで炒め、牛乳でしあげたリゾットはきれいな紫色で、イタリアのヴェネト州の名物料理です。

イタリアの
タルディーボのサラダ

> **memo**
>
> **肌のトラブルや関節炎、リウマチに良い**
>
> 高い抗酸化作用を持ち、肌のトラブルや関節炎、リウマチに良く、腸内細胞の老化を遅くしてがん予防にも。カルシウムと鉄を多く含むので骨にも良いといわれます。適地は、川沿いの酸化鉄を含む砂壌土の畑。晩秋に地下水が利用できれば最高です。

プレコーチェ

キク科 *Cichorium intibus* L.

栽培ごよみ ➡116ページ

◉クリスマスごろ甘くなる美しい野菜

　北イタリアのヴェネト州、トレビーゾ県で昔から作られてきたチコリの仲間で、イタリア語で早生を意味する「プレコーチェ」とよばれます。掘りあげて軟白する「タルディーボ」と違って、畑においたまま葉を結束して遮光するので、栽培にあまり手間がかかりません。他の野菜にない、赤ワインのような色あいはとてもきれいです。オリーブオイルで炒めたり、ワイン色の葉をちぎってサラダの彩りに使います。

◉晩秋のよく晴れた朝に葉を結束

　定植は「タルディーボ」と同様です。霜がおりたら収穫し、傷んだ外葉を整理して出荷します。夏場でもできますが、苦味が強く、発色も弱いのでムリはしないで。晩秋にかるく葉を結束すると、内葉の厚みが増し、赤がよく発色し、甘味が増します。よく晴れた朝など葉の中に水分がないときに結束します。

◉パスタやリゾットにも

　手でちぎってお粥に加えます。色落ちせず、歯ざわりがすばらしい。ほろ苦さで胃腸が若返ります。ベーコンと炒めてパスタとあえたり、豚肉を包んで焼くのもおすすめです。焼いたり炒めると甘味が増す、扱いやすい野菜です。

バラの花のような「ヴェローナ・パラ」

作りやすい「トレビス」

> **memo**
> **カット野菜用には「トレビス」も人気**
> 結球型の「トレビス」は、作りやすい種類です。細かく切った葉がカット野菜に入れられているのも多く見かけるようになりました。まだ多くはアメリカとイタリアからの輸入なので、国産を増やしたいところです。

ボルゲーゼトマト

ナス科 *Solanum lycopersicum* L.

栽培ごよみ ➡ 116ページ

ケチャップのような濃厚な味

先がツンととがるミニのドライトマト用品種です。トマトソースにするとケチャップのような濃厚な味が楽しめます。ナポリタンや焼きトマト、魚介類とあわせても。

イタリア中部のヴェスヴィオ火山の麓、水はけがよくミネラル豊富な火山灰土で育てられてきました。ヴェスヴィオの吊るしトマト『ピエンノーロ』は華やかな加工品です。房のまま輪にして麻ヒモでとめ、それを5〜6段ほど積み重ねてしばって軒下に吊るして干します。

◉ イタリアでは干して冬場に利用

火砕流あとのれき（スコリア）のような水はけの良い、ややアルカリ性の土壌を好みます。高ウネで雨よけで栽培します。収穫後は、風通しの良い軒下や乾燥機で干しあげると半年は保存できます。ひと房1kgほどの干した吊るしトマトは冬場に一粒ずつちぎって使います。カビよけには5倍酢をときどきスプレーします。

◉ ドライトマトの作り方

実を半分に切って種を除き塩を振り、天日で干しあげるとドライトマトのできあがり。窓を締め切って外に停めた灼熱の自家用車の中で乾燥させる人もいます。乾燥トマトはそのままでもオリーブオイルに浸けた瓶詰めでも保存できます。

房つきの干しトマト『ピエンノーロ』

memo

吊るしトマトは火山のめぐみ

イタリアのトマト栽培は、ヴェスヴィオ火山の山麓ではじまったといわれます。水はけが良く、乾燥した土地のめぐみをいかして、甘い吊るしトマトも生まれました。

サンマルツァーノトマト

ナス科 *Solanum lycopersicum* Mill.

栽培ごよみ ➡116ページ

翌日お肌がピカピカ、美肌トマト

お肌に良い成分、リコペンが一般大玉トマトの約5倍もあります。加熱するとジワジワ旨味（グルタミン酸）が出て、ソースやスープにコクが出ます。サラダで食べる生食用トマトに比べてゼリー部分が少なく、加熱してはじめて旨味が出てくる厚い果肉が特徴です。加熱の手順は、熱湯にさっと浸けて皮がはじけたら冷水にとり、皮をむき、さいの目に切って種を抜いてから弱火で炒めます。トマトの形がなくなる頃を旨味が出てくる目安にします。

◉水はけの良い土で

水はけの良い乾燥気味の土地で育てます。多少裂果しやすいので、高ウネで、できれば雨よけで栽培します。耐病性がある品種も育成されています。肥料を控えめに、カルシウムを効かせます。ヘタが反り返った頃が収穫適期。完熟のほうがおいしいのですが、まだ元に多少青みが残るほうが棚もちは良いです。

◉煮込むほどに旨味が出る

イタリア産のホールトマト缶は品質も良く安いので充分楽しめますが、生の果実から加熱した味と香りはすばらしく、まったく別ものです。煮て裏ごししたものをお日様に広げて、気長に乾かしたものはイタリアでは『ストラットゥ』と呼ばれます。甘味が濃縮され、見た目も使い方もお味噌のようです。

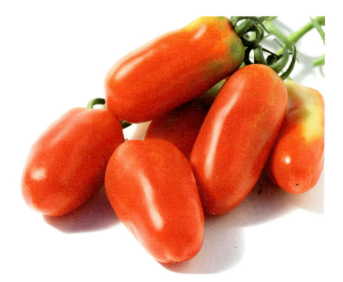

グローブのようなステーキタイプ、ナスタイプ、プラムタイプなど、さまざまな加熱調理用トマト

> **memo**
> **ヨーロッパで最初に食べられたトマト**
> サンマルツァーノはイタリア中部、ナポリの近郊、有名なヴェスヴィオ火山の麓の町の名前で、ヨーロッパで最初に食べられたトマトだといわれています。

ビーツ（テーブルビート）

ヒユ科 *Beta vulgaris* ssp. *vulgaris* var. *vulgaris*

栽培ごよみ ➡116ページ

真っ赤な健康野菜、鉄分が肌に効く

歯ざわりが良く、甘味があり、土の香りがします。ギリシャ、ローマの時代には便秘の治療薬でした。有名なウクライナ料理のボルシチはロシア語でスビョークラと呼ばれるこの赤ビーツで作ります。自然でとても安定した赤色がポテトサラダやパンケーキ、ポタージュスープによくあいます。下ごしらえは、皮をむかずに少量の塩と酢でまるごとゆでます。つまむと皮がずれて動くようになるまで30分以上ゆで、そのまま冷まして指で皮をむきます。

◉石灰をとにかくたっぷり

種子が入った種球をそのまままき、1本に間引きます。寒冷地では春まきできますが、夏の暑さに弱いので暖地では9月まきで11月から順次収穫します。酸性土壌は苦手で土壌pHが5以下では発芽すらしないので、苦土石灰が必要です。そのままゆでるので、大きさは鍋に入るリンゴぐらいが喜ばれます。

ビーツのピクルス

ピクルスの残り汁にゆで卵を入れて染めて作った『ピクルドエッグ』

◉鮮やかな色で染める『ピクルドエッグ』

固めにゆでて大きめに切り、砂糖と酢で漬け込むときれいな色のビーツのピクルスになります。残った汁にゆで卵を漬けると白身がピンク色に染まって非常に美しい。『ピクルドエッグ』と呼ばれます。

> **memo**
> **天然色素とオリゴ糖が肌に良い**
> 非常に安定したベタレイン類色素を持っています。ベタとは、ビートの名に由来しています。ベタシアニン（赤紫）、ベタキサチン（黄色）を持ち、ビタミン、ミネラル、天然のオリゴ糖が豊富で、鉄分の吸収も良いです。肌に良い野菜といわれます。

紅くるり大根

アブラナ科 *Raphanus sativus* L.

生

栽培ごよみ ➡116ページ

水分たっぷり、酢漬けは鮮やかな紅色

　皮も果肉も鮮やかな紅色で、サラダや漬物にするときれいです。水分がたっぷりで歯切れが良く、甘味と辛味のバランスが絶妙です。白ダイコンの肉質と食味を持っています。『紅くるり大根』は松永種苗の品種「紅くるり521」の通称です。似た品種では「もみじスティック」（ナント）があります。白いダイコンとあわせるときは、「ホワイトスティック」（ナント）もおすすめです。

● 収穫が遅れてもスが入りにくい

　葉が広がるので密植するとバラつきが出ます。紅色は茎にも出るので、茎の発色の良くないものは間引くようにします。春まき、秋まきができます。45日で300gから収穫でき、60日で800gを超えてもスが入らず肉質も変わらないので、遅出しや加工用でも利用できます。手ごろなサイズも人気です。

● サラダや漬物、炊き込みご飯で

　細切りした「紅くるり」にミズナとユズの皮をあわせて、和風のドレッシングで華やかなサラダに。拍子切りしてから酢漬けにすると、紅色がいっそう鮮やかになります。サイコロに切ってご飯と一緒に炊き込むとご飯まできれいな桜色になります。

紅くるりとユズとミズナのサラダ

紅くるりの酢漬け。奥は紫の「紅しぐれ」（p.78）

> **memo**
>
> **赤い切干大根**
>
> 赤い切干もできるので、ためしてみてはいかがですか。水で戻してドレッシングをかけても、あらためて酢漬けにしてもおいしくいただけます。

赤タマネギ

ユリ科 *Allium cepa* L.

生 茹でる 焼く 揚げる 煮る

栽培ごよみ➡116ページ

ほのかに甘く、炒めても鮮やか

水分が多く、甘味があります。サラダにあわせるととてもきれい。血液サラサラ効果が高いケルセチンも多く含まれています。高い抗菌作用や食欲増進を期待して、北欧の魚のマリネでもインドのカレーのつけあわせでも、昔から赤タマネギが好んで使われます。普通のタマネギと同じように炒めても、甘味が強く出ます。

◉ 辛味の強弱は品種

辛味が弱いものでは、形が扁平な「アーリー・レッド」や卵形の「イタリアン・レッド」、辛味が強いものでは「札幌赤」（レッドウエザースフィールド）や「レッドクロール」があります。水分が多く長期保存にはむかないので、2ヵ月以内に使い切ります。タカヤマシードの「緋蔵っ子」は日持ちします。

◉ 炒めても赤色が残る

加熱しても赤い色が残るので、さまざまな料理が新鮮な表情を見せます。揚げ野菜をトマトで炒め煮した『カポナータ』という料理にも、明るい色あいが加わります。ポリフェノールは水に溶け出すので、煮物にはむきません。ピクルスなど酢漬けにすると色がいっそう鮮やかになります。

赤タマネギ入りの『カポナータ』

> **memo**
>
> **高い抗菌作用や発芽促進**
>
> 辛味成分のチオスルフィネートには、抗菌、鎮痛、食欲増進、精神安定、抗酸化作用があります。特に赤タマネギの抽出液には菌の繁殖を抑える効果や植物の発芽促進効果もあるようです。

イタリアンパプリカ

ナス科 *Capsicum annuum* L.

栽培ごよみ ➡116ページ

雄牛の角のかたち、辛味なし

昔からイタリアで『コルノ・ディ・トーロ』（雄牛の角）と呼ばれる、長く大きなパプリカです。『牛角パプリカ』や『パレルモ』とも呼ばれます。甘く、香りが良く、種も少ないのが特長です。皮が黒く焦げるほど焼くと香りと甘さが格段にあがります。肉厚なので焼肉やバーベキューにおすすめ。糸を通して陰干しすれば乾燥野菜で保存できます。輪切りにして急速冷凍しても長く使えます。

◉ 初なりだけは早めにとる

固定種なので種子でふやします。葉が3対以上になるまで育苗し、定植1週間前までに黒マルチを張って地温をあげておきます。初なりの1個だけは着色前に摘果すると樹が弱らず、以降たくさんなります。定植後75日ぐらいから収穫をはじめます。

◉ おいしい焼きパプリカ

グリルでゆっくり30分以上焼いてから、水で冷やして皮をむきます。スライスしてポン酢、ショウガ醤油、甘味噌、オリーブオイルなどで食べます。割って種を除き、油で素揚げするのもおすすめ。冷やして食べてもよし。スライスして牛肉とあわせて炒めたり、きざんでシチューに加えてもおいしいです。

ベル型のパプリカ

トマト型のパプリカはハンガリーの古い品種

> **memo**
>
> **ベル型やトマト型、ミニも**
>
> パプリカには、イタリアのくさび型、アメリカやオランダの大きくて甘いベル型、ハンガリーの扁平でかわいいトマト型、お弁当サイズのミニなどがあります。赤は完熟果なので甘く香りも高い。オレンジはまだすこし珍しい色です。

赤オクラ

アオイ科 *Abelmoschus esculentus* (L.) MOENCH

栽培ごよみ ➡ 116ページ

生でシャキシャキ、そうめんの薬味に

　赤オクラは加熱すると緑のオクラにもどるので、薄く切って生でそうめん、冷奴、納豆にあわせると赤色が映えます。草勢が強いので、どの節にも着果します。肥料はあまりいらないのに、収穫量は多い。緑のオクラのそばに植えると交雑します。

◉ **肥料はだんだん効かせる**

　種子は硬いので、一晩水に浸けてからまきます。生育初期には肥料を控え、実がなりはじめてから追肥で補います。

> **memo　サヤには丸や五角も**
>
> サヤの断面に特徴があり、赤五角（「ベニー」「レッドサン」）、赤丸ザヤ（「島の恋」「八丈在来」）などがあります。丸ザヤは大きくなっても硬くならず食味が良いです。

赤軸ホウレンソウ

ヒユ科 *Spinacia oleracea* L.

栽培ごよみ ➡ 117ページ

アクが少なく甘い、サラダがおすすめ

　サラダ用の剣葉ホウレンソウ。普通のホウレンソウよりエグみが少なくさっぱりした味で、生食できます。サラダのほか油炒め、さっと湯通ししておひたしでも。軸と葉脈の赤紫と緑のコントラストがハッキリして鮮やかなほど味が良い。ベビーリーフとしても利用できます。

◉ **日あたりと水加減で色よく**

　軸が赤くなる条件は低温と日光。暖かく成長が速い時期には、茎が硬くならない程度に水を控えめにして、ゆっくり育てると赤色がのります。

> **memo　春と秋が旬**
>
> 「サラダあかり」（タキイ）、「赤茎ミンスター」（中原）、「食彩」（渡辺農事）などの品種があり、それぞれ長日高温期でもトウ立ちしにくい晩抽タイプもあります。

うずまきビーツ

ヒユ科 *Beta vulgaris* ssp. *vulgaris* var. *vulgaris*

栽培ごよみ ➡117ページ

輪切りにすると渦巻きが楽しい

華やかなサラダを作るには、スライサーで薄くスライスして軽く塩もみするか、しましまが消えない程度に塩と酢を少々入れたお湯でさっとゆでて使います。北イタリアのキオッジャ地方で昔から栽培されてきました。縦切りにすると、模様がちょうど火炎のように見えるので『火焔菜（かえんさい）』とも呼ばれます。

●石灰で大きく育てる

酸性の土では大きくなりません。植付の10日以上前に1㎡あたり200g程度の苦土石灰をふり、すぐに20cm起こしておきます。一般に直まきします。

memo　華やかな縞模様

トキタ種苗には「ゴルゴ」といううずまきビーツがあります。ビーツは赤紫色の色素、ベタシアニンと黄色の色素、ベタキサンチンを含み、抗酸化作用があります。

マイクロトマト

ナス科 *Solanum pimpinellifolium*

栽培ごよみ ➡117ページ

プチプチ弾ける野性トマト

パチンコ玉サイズの直径約1cm。そのまま口に放り込むと、とてもジューシー。ポテトサラダに散らしたり付けあわせにも楽しい。極小のドライトマトも作れます。トマトのふるさと、中南米に伝わる野生種で、通常のトマトよりも何倍も高いリコペン含量を持っています。カランツトマト、トマトベリーとも呼ばれます。

●垣根仕立の楽しみも

まるでブドウのように枝が長く伸びて茂るので、本葉4枚で芯を止め、枝を4本程度に整理して風通し良く育てます。普通のトマトより早く熟します。

memo　ヨーロッパに渡らなかったトマト

普通のトマトのようにヨーロッパには渡らず、コロンビア、エクアドル、ペルーなどに残りました。最近全遺伝子が解明されて、普通のトマトとの交配に利用されています。

紅芯大根

アブラナ科 *Raphanus sativus* L.

栽培ごよみ ➡117ページ

memo　緑と赤の組みあわせ

薄く切って並べたり、温野菜に混ぜてもきれいです。花などをかたどった飾り切り（カービング）でよく使われます。このほか、皮が赤くて内部が白い赤ダイコンや、皮も内部も緑色の「ビタミン大根」などもあります。

肉質がしっかり、薄切りでサラダに

外が緑で中が赤い、中国育ちのダイコンです。酢水にさらすか、マヨネーズなど酢が入ったドレッシングであえると鮮やかな赤に変わります。加熱すると赤は消えてしまいます。ほんのり甘く、少しの苦味と辛味がサラダ向きで、生食できます。コリッとした歯ざわりで、薄く輪切りにするときれいです。

◉ 張り切った肉質

肉質はピンピンに張っています。そのため、扱いによっては多少割れやすいので、収穫後も取扱いに注意します。

紅化粧大根

アブラナ科 *Raphanus sativus* L.

栽培ごよみ ➡117ページ

memo　ジアスターゼは青首の約7倍

普通のダイコンよりも消化酵素のジアスターゼの活性が高いので、お餅とあわせて食べるとお腹がすっきりします。表皮の赤い部分にもポリフェノールの一種のアントシアニンを含み、抗酸化作用があります。

紅白幕の紅色、おめでたい席に

七五三、新年、成人式などを、紅白2色揃えたダイコンでお祝いしてはいかがでしょう。芯は純白なので、スライスして色を生かしたり、皮ごとおろして2色の大根おろしにするのもおすすめです。酢漬けにすると薄いピンク色に染まります。「紅化粧」はサカタのタネの品種です。

◉ 白ダイコンとあわせて紅白ダイコンで

春まきではトウ立ちするので、秋まきで。抱きあわせで出荷できる中型白ダイコンでは「ホワイトスティック」（ナント）などもおすすめ。

ロロロッサレタス

キク科 *Lactuca sativa* L. var. *crispa*

栽培ごよみ ➡117ページ

縮れ葉のサニーレタス、朝どりが最高

ロロレタスとも呼ばれるイタリア産のサニーレタスです。赤みがかった薄い緑色の葉は縮れていて、ドレッシングがからみやすい。ベビーリーフでも楽しめます。結球しないレタスは鮮度が命なので、新鮮なものほどおいしいものはありません。赤い色素はアントシアニンで、眼精疲労予防や抗酸化作用があります。

● 夏にも冬にも強く育てやすい

低温にも高温にも強く、6℃から30℃まで耐えますが、酸性土壌には弱いので必ず苦土石灰を入れます。本葉4～5枚で株間30cmで定植します。

memo 植物工場で生産

丈夫で作りやすいため、LEDや高圧ナトリウムランプなどを使った植物工場でもオークレタスとともに栽培がはじまっています。ただしエチレンガスには弱く、葉が傷むので、冷蔵庫ではリンゴ、ナシ、バナナと一緒にしないようにします。

レッドオークレタス

キク科 *Lactuca sativa* L. var. *crispa*

栽培ごよみ ➡117ページ

夏場でも赤くなるレタス

切れ込みの大きい赤葉の結球しないリーフレタスです。夏でもきれいに赤くなるので、貴重です。あまり苦くないので、ベビーリーフにもよく組みあわされます。新鮮なオークレタスにはナッツの香りがあります。朝のとれたてのおいしさはサラダの王様です。

● 冷涼な気候が好み

一定期間高温にあうと抽苔をはじめ、葉は硬く苦くなります。浅根なのでマルチを張り、蒸発を抑えます。酸性土壌を嫌います。

memo 長い収穫期間

発芽後2週間でマイクログリーンリーフ用に、4～5週でベビーグリーンリーフ用にも収穫できます。8週目で大株で収穫しますが、地上部1cmを残せば、高温で苦くなるまで、または晩秋に霜で枯れるまでは何度でも再生・収穫できます。

ノーザンルビー

ナス科 *Solanum tuberosum* L.

栽培ごよみ ➡117ページ

煮くずれしにくく、色あせない

煮くずれしにくく、加熱してもピンクが色あせしないジャガイモ。煮物には酢を少し入れるとより鮮やかです。調理前に冷蔵庫で保存するとしだいに甘くなります。ポテトサラダ、ポテトチップス、ポタージュにすると淡い桜色がきれいです。

⦿ スが入りにくく作りやすい

生育のそろいも良く収量が多く、スも入りにくい品種で安心して作れます。茎が短く直立するため、倒れにくく栽培しやすいという特徴もあります。

memo　北海道生まれの赤いルビー

北海道農業研究センターで作出され、2006年ばれいしょ農林56号「ノーザンルビー」の名で命名登録された国産品種。赤いアントシアニン色素には抗酸化作用や紫外線を防ぐ効果があり、最近ではインフルエンザ抑制効果も注目されています。

アンデスレッド

ナス科 *Solanum tuberosum* L.

栽培ごよみ ➡117ページ

うす皮でホクホク、味が良い

赤紫色の皮と黄色い肉色をもつジャガイモで、粉をふきます。皮が薄いので、皮ごとお味噌汁に。煮くずれしやすいのでゆでてポテトサラダに。塩バターでも。赤皮で煮くずれにくい「シェリー」という品種もおいしいです。

⦿ 休眠が短いので年2作できる

秋作は霜のおりるまでに収穫するため栽培期間が限られ、休眠期間が短いアンデスレッドが適しています。春作収穫後、8月下旬植えができます。

memo　父がアンデス育ち

アンデスの原種ジャガイモを父に持ち、岡山の牛窓で「アンデス赤」と呼ばれて大切に育てられてきました。表皮はアントシアニン色素を含み、眼精疲労回復や抗酸化作用があります。

赤スイスチャード

ヒユ科 *Beta vulgaris* var. *cicla* (L.). K. Koch

寒さにあたっても色が変わらない

　春先に種子をまくと初夏から晩秋まで絶えず葉を収穫できるので、不断草（フダンソウ）とよばれます。ホウレンソウの仲間で味が似ていますが、もっとしっかりしています。若い葉はサラダ、おひたしやあえ物で。油とあわせるとカロテンの吸収が良くなります。葉と葉柄は切り分けて葉柄を先にゆではじめるのがコツ。

◉暑さにも寒さにも強い

　暑さや寒さにあたっても色も食感も変わりません。作りやすく、盛夏でも厳冬期でもきれいです。冬の花壇に植えると、色鮮やかで人目を引きます。

memo　スイスのアザミ

イギリスでは昔のオランダ人の習慣からスイスチャードと呼ばれます。チャードというのは、アザミをあらわすラテン語です。西洋では煮込み野菜として使われてきました。

赤二十日大根

アブラナ科 *Raphanus sativus* L. var. *sativus*

消化に良い、小さいけれど力持ち

　うすく切ってサラダに、そのまま塩をつけてバリバリと食べてもおいしい。飾り切りをして料理のツマに。欧州では小さなナイフで皮をむきながらゆっくりデザートとして楽しみます。長ダイコンよりビタミンCは豊富で、しかも消化に良い多量のジアスターゼを含みます。高いアルカリ度が中和剤になって酸化しがちな体の調子を整え、疲労回復を早めます。

◉湿った土を好む

　鮮やかな着色には適当な湿りが必要です。真冬でもビニールかガラスをかければプランターでも結構育ちます。

memo　ウリハムシの被害をへらす

キュウリやメロンの株元に種子を2粒ほどまいておくと、初夏のウリハムシが根元に卵を産めないので、被害がへるといわれます。

金時ニンジン

セリ科 *Daucus carota* L. ssp. *sativus* Arcang.

生	茹でる	焼く	揚げる	煮る

栽培ごよみ ➡117ページ

お正月料理にかかせない

　西日本ではお正月の煮物になくてはならないニンジンです。煮ると色鮮やかに、軟らかく甘味が増します。保管は、葉を切りとって濡れ新聞紙にくるんで冷蔵庫で。金時の葉は軟らかく香りがよいので、かき揚げにするとおいしいです。

◉ **夏まきで秋収穫、高ウネがコツ**

　根が長く伸びるので高ウネで。春まきすると低温でトウ立ちするので6月以降まき、晩秋から収穫します。間引きは本葉3枚、青首防止に後半土寄せします。

memo　短根ニンジンよりも古くから栽培

東洋系ニンジンの代表品種で、江戸時代から作られています。瀬戸内地方では、貝殻の混じった塩田跡の砂地で、サツマイモの後作としても作られています。カロテンのほかにリコペンも含まれていて、アンチエイジング効果が期待されています。

レッドオゼイユ

タデ科 *Rumex acetosa* L.

生	茹でる	焼く	揚げる	煮る

栽培ごよみ ➡117ページ

サラダのスパイス、レモンのような酸味

　ソレルとも呼ばれます。ホウレンソウにレモン汁をかけたような酸味があります。レモンを絞るかわりに散らしたり、スープやオムレツの彩りにします。ゆでても酸味はかわりません。西洋でもレストランで主に使われる野菜ですが、自家用に畑で作られることも多いです。

◉ **毎年3月になると若葉が出る宿根草**

　土さえあれば育つといわれるほど丈夫ですが、多少湿り気がある土を好みます。古葉を残さずこまめに葉を摘めば、11月の霜があたるまで収穫できます。

memo　酸っぱい道草

酸味の少ないベビーリーフとして「レッドオゼイユ」や「レッドデトロイト」が育成されました。斑のない緑色の野生種は、日本ではスイバ（酸葉）、スカンポ（酸模）、イタドリなどと呼ばれ、昔の子どもの道草で、おやつにしていました。

レッドゼブラトマト

ナス科 *Solanum lycopersicum* L.

栽培ごよみ ➡117ページ

焼いても、ジャムでも、新しいトマト

きれいな赤色のゼブラ（縞）模様があります。果肉は硬めなので、焼肉などと一緒に焼くとおいしい。砂糖とレモンを加えてジャムや漬物にしても。1990年頃にカリフォルニアの農家、ジェフ・ドーソンさんが自身の畑の緑ゼブラトマトの中から見つけた新しい品種で、自家採種で増やします。緑ゼブラとあわせるときれいです。

◉ 屋内で育苗を開始

遅霜の6週間前に暖かい屋内で育苗を開始します。ごく浅くまき、発芽まで1〜2週間待ちます。霜が降りなくなったら定植し、75〜80日で収穫開始です。

memo　親は緑ゼブラ

ジェフさんが自分の畑で見つけた赤ゼブラの親は、トム・ワグナーさんが育成した緑ゼブラトマトでした。2003年のSSE (Seed Savers Exchange, p.94) カタログに載り、品種の多様性を守り育てる人の手から手へ栽培が広がっています。

赤ネギ

ユリ科 *Allium fistulosum* L.

栽培ごよみ ➡117ページ

トロ〜ンとした甘さ、抜群においしい

生だとやや辛いけれど、火を通すと甘味が増し、軟らかくなります。串に刺して素焼きにして醤油をかけるとおいしい。白ネギの調理法と同じですが、煮すぎると赤い色素（アントシアニン）が溶け出して色が薄くなります。サラダ、ぬた、鍋、天ぷらでも。

◉ トウ立ちした株は分割して苗に

前年秋まきで翌春仮植、夏定植、冬収穫と1年以上畑にある贅沢なネギです。大株で越冬して春トウ立ちしてしまった株は分割して苗にし、再度植えます。

memo　江戸から伝わる紅染めのネギ

「赤ひげ」「べにぞめ」「ひたち紅っこ」など、発色が良い新しい品種も出ていますが、茨城の「圷（あくつ）ねぎ」や庄内の「平田赤ねぎ」など、昔から自家採種で作られてきた優良な原種の維持や保存も必要です。

コラム1
まだまだある彩り野菜

この本ではご紹介しきれなかった野菜がまだたくさんあります。
世界には、花が咲く前のつぼみを野菜として食べている国があります。あるいは、道端や野原に生えている雑草のなかにも、野菜として食べられているものもあります。
ぜひいろいろ探してみてください。

キンシンサイ
ススキノ科 *Hemerocallis fulvar* (L.) L. var. *fulvamaxima*

　中国のシナカンゾウという花のつぼみです。ホウレンソウの20倍もの鉄分を含みます。油炒め、酢の物、和え物、煮つけなどにします。ビタミンAやCも多く、昔の船乗りは乾燥させたキンシンサイでビタミン欠乏症を防ぎました。インドのガンジーも愛好していたそうです。

シーアスパラガス
アカザ科 *Salicornia europaea* L.

　しょっぱくておいしい。ちょっと粘り気があって、海ブドウのようです。塩分を含んだ汽水湖の海岸に大群落を作る植物で、アツケシソウやさんご草、フランスではサリコルヌとも呼ばれます。発芽後5節ほど伸びてから、海水（3％）程度の塩水（できれば海水）をかけて育てます。

ダンデライアン
キク科 *Taraxacum officinale* Wiggers

　セイヨウタンポポを改良した栽培品種で、サラダやゴマあえがおすすめ。オリーブオイルをかけると苦味が薄れます。ビタミン類やミネラルを多く含み、食欲がでます。密植して水分を切らさず、牛乳パックなどをかぶせて2～3週間遮光して軟白すれば苦味も薄れ、軟らかく育ちます。

オレンジの野菜

風邪やインフルエンザ予防にたくさん食べたいオレンジの野菜。そのおもな成分はβ-カロテンです。カロテンの語源にもなったニンジンの祖先は紫色で、オレンジ色のものは17世紀にオランダで育種された新しい品種。ベル型パプリカもオランダが、カリフラワーはカナダがオレンジ色に育成しました。あたたかな色合いの野菜は食卓の彩りに欠かせません。今度ひとウネまいてみませんか？

コリンキー

ウリ科 *Cucurbita maxima*

生 茹でる 焼く 揚げる 煮る

栽培ごよみ ➡117ページ

生食むけのサラダカボチャ

皮も果肉も鮮やかなレモン色。皮ごと薄くスライスして生のままサラダや野菜スティックにします。生はコリコリ、炒めると軟らかくなります。クセがなく、甘すぎず、お年寄りにも好まれます。お盆のお供えにしても映え、使いでがあります。母親系統に西洋カボチャが使われているので、カリウム、カロテンやビタミンCを豊富に含み、がん予防やコレステロール調整、抗酸化作用やアンチエイジング効果が期待されています。

◉開花15日～若採りで

開花から10～15日後、オレンジ色がまわって、お尻の緑がなくなったら採りごろです。若採りと追肥で株を疲れさせなければ、夏中収穫できます。春まきの収穫後、8月に再度種子をまくと、霜が降りる前、オレンジ色がテーマカラーのハロウィン（10月31日）にむけて収穫できます。

◉ポン酢でさっぱり夏のサラダ

薄切りにしてポン酢とあえ、鰹節をかけると手軽な一品になります。千切りにしてキュウリとあわせたり、浅漬けでも。薄切りにして豚肉などと炒めてもおいしい。生食用なのを忘れて、普通の硬いカボチャのつもりで長くゆでると軟らかくなりすぎます。注意しましょう。

コリンキーのポン酢がけ
ツルッとしておいしい

memo
国産の新品種

2002年にサカタのタネと山形セルトップが品種登録しました。母親はオーストラリアの「B625」、父親は加賀野菜「打木赤皮栗」です。『芋煮会』発祥の地、山形県東村山郡中山町生まれ。歯ざわりがよいので出願時は「かりっこ」だったそうです。

オレンジカリフラワー

アブラナ科 *Brassica oleracea* var. *italica*

栽培ごよみ ➡117ページ

味はピカイチ、チーズ色

カリフラワーのなかでは、香りも旨味もとびきりです。多めの塩でさっとゆでると、甘くなります。オレンジ色は秋の色、季節を感じます。ジャガイモやタマネギと一緒に炒めたり、衣をつけて揚げたり、とても使い勝手が良い野菜です。オレンジカリフラワーはカロテンを多量に含み、白いカリフラワーより25倍も多く含まれるという報告もあります。

◉秋涼しくなると本領を発揮

日光があたって蕾はオレンジ色に発色するので、葉は結束しません。秋、涼しくなると色づき、糖度も上がります。温暖な地域では、周年栽培も可能です。「オレンジブーケ」、白い「スノークラウン」、紫の「バイオレットクイン」（いずれもタキイ）を5日ずつずらしてまくと、3色同時に出荷できます。

◉唐揚げに。白や紫とあわせても楽しい

紫や白いカリフラワーと一緒に軽くゆで上げたサラダは、色だけでなく味の違いまで楽しめます。小麦粉で衣をつけて揚げるとホクホク、シットリでおいしい。衣にギネスビールを少し入れるといい色あいになります。もうひと手間、チリソースやカレーにあわせると豪華になります。

オレンジカリフラワーの唐揚げ
ビールにあう

オレンジ、紫、白の3色カリフラワーのサラダ

> **memo**
>
> **チェダーハイブリッド**
>
> 1970年にカナダで見つかった変異種で、その後コーネル大学で白色種と交配して作られました。チーズの色に似ているので、『チェダーハイブリッド』とも呼ばれます。オレンジカリフラワーには「オレンジブーケ」（タキイ）、「オレンジ美星」（サカタ）があります。

ベーターリッチ

セリ科 *Daucus carota* L. ssp. *sativus* Arcang.

| 生 | 茹でる | 焼く | 揚げる | 煮る |

栽培ごよみ ➡ 118ページ

甘く、β-カロテンが豊富

　彩り野菜の代表格。芯まで赤く、煮ても炒めても色が変わらない便利なニンジン。形も包丁が入れやすい、なで肩です。健康に良いカロテンを豊富に含み、甘味が強く、くさみが少ないので子どもにも人気です。ニンジンスティックやサラダ、ジュースでもおすすめです。

◉丈夫で育てやすい

　暑さ寒さに強く、抽苔の心配もなく育てやすい品種です。肥料は少なく、20cm程度の高ウネで密植します。播種後110日で収穫できます。

memo　オレンジ色は新しい色

原産地のアフガニスタンでは赤、白、紫色だったニンジンは、1650年ごろオランダのロッテルダムを中心にオレンジ色に改良されました。オレンジのニンジンは人が育て上げてきた野菜です。「ベーターリッチ」はサカタのタネの新しい品種です。

オレンジナス

ナス科 *Solanum aethiopicum* L.

| 生 | 茹でる | 焼く | 揚げる | 煮る |

栽培ごよみ ➡ 118ページ

果肉は甘くてやわらか

　トルコの伝統的な加熱専用種で、「ターキッシュ・オレンジ」と呼ばれます。野生のナスに近く、西アフリカからやって来たという人もいます。中身をくりぬきひき肉の詰め物をして焼くのが定番です。横に2つに割ってから3つに切り、衣をつけてフライにしてもおいしい。皮はビールやゴーヤぐらい苦いのでサラダにはむきません。

◉酸性土壌は苦手

　普通のナスよりもたくさんなりますが、酸性土壌を嫌うので、かならず苦土石灰を入れます。接ぎ木をすれば連作障害を防げます。

memo　バーベキューでも人気

苦味と甘味のバランスが良いので、アメリカではバーベキュー用のナスとして楽しんでいるようです。カレー味やソース味にあうナス、試してはいかが。

オレンジパプリカ

ナス科 *Capsicum annuum* L.

巨大なベル型パプリカは芸術品

甘くておいしい完熟パプリカ。薄くスライスしてそのままサラダやポテトサラダに。2つに割って焼きナスのようにしっかり焼くといっそう甘くなります。ヘタと種を切り取って、中にハンバーグの材料を詰めて焼きます。蒸しても揚げてもよく、ツナや餃子の具を入れてもおいしいです。

少しナイーブで気難しい

窒素が多いと茎葉ばかり大きくなって良い果実ができません。雨よけ、マルチ、かん水チューブなどを使って水分を安定供給するのもコツです。

memo　オランダの最高級品

大型のベル型パプリカは、30年程前にオランダで改良された最高の野菜です。オレンジパプリカは栄養価も極めて高く、ビタミンCは緑色のピーマンの約3倍、カロテンは約20倍といわれます。

オレンジミニパプリカ

ナス科 *Capsicum annuum* L.

そのままお弁当サイズ

長さ7cmぐらいの、お弁当サイズ。生でおやつ代わりにも食べられます。薄く輪切りにしてサラダでも。香辛料のオールスパイスなどをきかせたパプリカの肉詰めは、ジューシーな果肉の香りと旨味が引き出された、冷めてもおいしい一口サイズのお弁当のおかずです。

丈夫で多収

草勢が強く、ミニサイズの果実がたくさんなります。ベル型の肉厚パプリカに比べて成熟までの時間も短く、変形などの障害も少ないので作りやすい。

memo　安心して作れるオレンジパプリカ

「ランチボックス・オレンジ」（ナチュラルハーベスト）や、「ぷちピー・マンゴーオレンジ」（トキタ）などの品種があります。たくさん収穫するためには、着果負担が増えないように適期収穫を心がけます。

食用ホオズキ

ナス科 *Physalis grisea* M. Martinez

栽培ごよみ ➡118ページ

甘酸っぱいくだもの

　ストロベリートマトとも呼ばれ、そのまま生で食べます。糖度が12〜15度と高いので、イタリアやフランスではサクランボやイチゴの仲間として扱われます。砂糖漬けや酢漬け、ジャムに加工しても。イノシトールという成分が、コレステロールを低下させ、毛髪にも良いとされています。

◉乾かしてカビを防ぐ

　獣害が出ません。ガクに白みがさして薄くなったら収穫適期です。カビを防ぐために、日が高くなってから収穫し、3日陰干ししてから選別します。

memo　大粒のトマティーヨも

メキシコには食用ホオズキとは別種の、プラム並みに大きいトマティーヨ（オオブドウホオズキ）もあります。タマネギ、ニンニク、パクチー、トウガラシとあわせてきざんで緑色のソース（サルサベルデ）を作り、タコスにかけて食べます。

オレンジミニトマト

ナス科 *Solanum lycopersicum* L.

栽培ごよみ ➡118ページ

カロテン豊富で甘い

　オレンジ色なので酸っぱそうに見えますが、糖度は8〜10度もあります。トマトくささがないので非常に食べやすく、子どもからお年寄りまで人気がある食味重視のミニトマトです。従来のミニトマトに比べてカロテンも豊富で、3〜4倍あります。

◉糖度をあげるかん水の工夫

　葉かび病や斑点病に耐性があり、作りやすい形質を持っています。根元へのかん水を避け、ウネ間や通路にすると裂果が防げ、糖度が上がります。

memo　オレンジ色の品種

「オレンジパルチェ」（カネコ）、「オレンジ千果」（タキイ）、「カロちゃん」（トキタ）、「プチオレ」（むさし育種）、「オレンジキャロル」（サカタ）などがあります。

オレンジスイスチャード

ヒユ科 *Beta vulgaris* var. *cicla* (L.) K.Koch.

栽培ごよみ ➡118ページ

美しいオレンジは健康の色

鮮やかなオレンジの色素は、サボテンやブーゲンビレア、アマランサスなどの花も持っているベタレイン色素の一種で強力な抗酸化力があります。加熱しても色がさめないので、しゃぶしゃぶでも。ほかにカロテンなど体に良い成分も多く含まれる健康野菜です。フダンソウ、カラフル菜などさまざまな呼び方があります。

◉越年株から発色のよいベビーリーフ

越冬した2年目の大株の下葉をかきとると、わき芽が出て新しい葉を伸ばします。この新葉はとても発色が良いので、ベビーリーフで出荷できます。

memo　豊富な栄養

カロテン、葉酸、ビタミンCとカリウムを多く含み、ナトリウムの排出（高血圧予防）、手足のしびれ、動脈硬化や貧血の予防効果が期待されます。

ミニニンジン

セリ科 *Daucus carota* L. ssp. *sativus* Arcang.

栽培ごよみ ➡118ページ

甘味が強く 生でサラダも

生のままサラダや、葉を少し残して皮をむき、ハンバーグやステーキなどの付けあわせに。そのま天ぷらやピクルス、グラッセにしてもかわいい。小さいうちに糖度が高くなるミニニンジンは、第2次世界大戦後に作られた「アムステルダム促成」という品種が最初だといわれます。

◉水分が安定した畑に超密植で

株間5cmで超密植し、播種後60日で長さ7cmほどで収穫します。水分が安定していないと歩留まりが悪くなります。9月中旬まきだけは根が長くなるそうです。

memo　丸い品種も

「ピッコロ」（タキイ）、「ベビーキャロット」（サカタ）があります。ほかにゴルフボールのように丸い「メヌエット」（サカタ）もあります。

コラム2
見て楽しい、食べてもおいしい！ エディブルフラワー

パンジーとナスタチウムをあしらったサラダ

この本では、花オクラや食用菊をご紹介していますが、食べられる花（エディブルフラワー）を料理にいかすのも素敵です。
サラダやデザートのあしらいに使ってみてはいかが？

パンジー　　　香りが良い。特に黄色が甘い。

ベゴニア　　　酸っぱいので肉料理のつけあわせに。八重咲きの球根ベゴニアだと贅沢ですね。

ナスタチウム　ピリリとした辛さ。カラシの代わりにサラダやサンドイッチに挟んで。

カーネーション　丸ごとゼリーに。まるで水中花のように美しい。母の日のプレゼントにいかが？

キンギョソウ　色が豊富で、熱にも強く、ガクもそのまま使えます。ビタミンCが豊富。

ボリジ　　　　鮮やかなブルー。気持ちを穏やかにしてくれるハーブです。

切り花として販売されている花は農薬がかかっているものもあります。食用にする際は、自分で育てた花や、エディブルフラワー用に出荷されているものを使いましょう。

黄色い野菜

紫外線やスマホのブルーライトから目を守ってくれる黄色の成分はルテイン。たとえば、食用菊やカボチャなどに多く含まれます。また、花オクラやアスパラ菜など花を食べる野菜が多いのも特徴のひとつ。見て楽しんで、食べてうれしい黄色い野菜。これからはどんどん暮らしに取り入れたい色の野菜ですね。

食用菊

キク科 *Dendranthema* x *grandiflorum* (Ramat.) Kitam.

生	茹でる	焼く	揚げる	煮る

栽培ごよみ ➡118ページ

食用菊のサラダ

食用菊のおひたし

軽身、耐老、延年効果

　香り高く甘味があり、苦味はありません。不老長寿と強壮のために古くから愛用され、高血圧予防、整腸、抗炎症作用などがあるといわれます。沸騰したお湯にお酢を少し入れ、30秒ほどゆでて軽く水気を切ります。鰹節と醤油、ポン酢や三杯酢で食べるのが甘味を引き出す昔ながらの食べ方。ゆでたものをラップで包み小分けにして冷凍しておくとすぐに使えて便利です。花びらをちぎって、生のままサラダに散らすと華やかなサラダになります。

◉挿し芽で増やす

　冬越し後に出た新芽を摘心し、出たわき芽の葉が5枚展開したら摘み取り、下葉2枚を落として切り口を調整後2時間水揚げして挿し床に挿し、育苗します。伸ばした新芽を株分けしても良い。6〜7月、高ウネにウネ間90cm、株間30cmで定植します。倒れやすいので早めに2〜3株ごと支柱で支えます。

◉干しギクの作り方、食べ方

　花びらだけをむしってザルなどに丁寧に並べ、厚さ1cm程に重ねて広げます。これを蒸すと粘りが出て海苔のようになるので、よく乾燥させます。キク海苔とも呼ばれます。食べるときはお湯で戻して、マヨネーズあえ、梅肉あえ、菊ずしなどで楽しみます。香りも味も色あいも残っています。青森の八戸の名産です。

---

memo

黄色い食用菊の品種

夏菊では山形の「寿」、秋菊では、青森の「阿房宮」、秋田の「鬼菊」、新潟の「金唐松」「糸唐松」などがあります。

黄ズッキーニ

ウリ科 *Cucurbita pepo* L. Melopepo Group

栽培ごよみ➡118ページ

若いズッキーニもおすすめ

輪切りにしてオリーブオイルで炒めると甘味が増します。味付けは和洋中、何にでもあいます。皮をつまむとしわが寄るほど軟らかい、指の大きさほどしかないまだ若いズッキーニは、栽培している人しか食べられないご馳走です。そのまま生で食べたり、軽くゆでてバターで炒めたものも最高です。

北イタリアのヴェネト地方で作られる、「フリウラーナ」というイボイボ肌のとびきりおいしい黄色ズッキーニもあります。

● 上手な風除けがコツ

種子を一晩水に浸けてからまくと発芽が揃います。低温期は人工受粉が必要ですが、黄色いズッキーニは雄花が多いので他品種の人工交配用に役立ちます。強い風で株が傷むのを防ぐため、2本の葉柄を支柱を抱きかかえるようにしばったり、ハウスの谷間に植えたり、不織布をかけるなどの工夫が必要です。

● 暑さに負けないイタリアのスープ

トウガラシ1本を1ℓの水で煮て、辛いお湯を作ります。別の鍋で、オリーブオイルでニンニクとさいの目に切ったズッキーニ2本を透きとおるまで炒めます。きざんだイタリアンパセリとバジルを加えて香りを出し、辛いお湯をそそぎます。ズッキーニが軟らかくなるまで煮て、最後に塩を振ってできあがり。

香りの良いズッキーニのスープ

> **memo**
>
> **料理の油を減らす工夫**
>
> ズッキーニを揚げたり炒めたりするときは、あらかじめ塩を振っておきます。輪切りにして、1kgあたり小さじ1杯の塩をふり、1時間おきます。一切れ食べて塩がきつければ洗い、揚げる前に乾いた布で水気をとりさると、あまり油を吸いません。

黄スイスチャード

ヒユ科 *Beta vulgaris* var. *cicla* (L.) K.Koch.

生　茹でる　焼く　揚げる　煮る

栽培ごよみ ➡ 118ページ

スイスチャードの3色のわき芽

3色スイスチャードのナムル

イカと相性バツグン

　イタリアでは『ビエトーレ』と呼ばれ、魚介類との相性が良い野菜です。イカと一緒に炒め煮する『ジミーノ』という料理が有名です。さっとゆがいて絞り、食べやすく切り、きざみニンニクと油をかけたイカに加えて10分ほど炒め煮にし、塩コショウで味を整え、熱いうちに食べます。イカと一緒にトマトを入れてもサッパリしておいしいです。イカが軟らかくなり、旨味が出ます。歯の弱いお年寄りでも大好きなイカが食べられるので喜ばれます。

◉ ミニスイスチャードのセット

　2年目の大きく育った株で、かきとった下葉のあとから出るわき芽は、鮮やかな発色で軟らかです。15cmほどに伸ばして、各色混ぜてミニスイスチャードセットで出荷すると美しく目を引きます。暑い夏にも負けない丈夫な野菜で、大きく育った葉の葉脈も味わいがあっておいしいので、ぜひ試してください。

◉ ミニスイスチャードのナムル

　各色のスイスチャードを揃えるときれいです。薄塩でクタッとするほどゆで、冷水にさらしてアクを抜き、色を止めます。ゆですぎると色が薄くなるので注意してください。ふきんで水気をしぼってからひと口大に切り、おろしニンニク、ゴマ油、醤油、砂糖であえ、味をみて、仕上げにゴマを散らします。

> **memo**
> **色が残りやすい野菜**
> 加熱しても色が変わりにくいベタレイン色素は野菜ではアカザの仲間だけが持っています。スベリヒユ、ツルムラサキ以外のホウレンソウやスイスチャード、ビーツなどが同じヒユ科の仲間です。

そうめんかぼちゃ

ウリ科 *Cucurbita pepo* L.

栽培ごよみ ➡ 118ページ

透きとおったそうめんが生まれる

　金糸瓜(きんしうり)とも。金色の美しいそうめん状の果肉を取り出して食べます。実を10cm程度の輪切りにして、沸騰したお湯で10〜15分ゆでます。箸で皮をつまんで軟らかくなったら鍋からあげ、冷たい流水ですすぎながら中身を取り出すと、細長い麺状になってほぐれてきます。ゆですぎると切れやすくなるので、はじめてのときは短めにゆでてみます。味にクセがないので、酢醤油で食べたり、春雨のようにお肉と炒めたり、キンピラにしたりと、いろいろ楽しめます。

● 元肥はひかえて追肥で育てる

　本葉7枚程度で芯を止め、小ヅル2本に仕立て、小ヅル7節目以降の雌花のめしべに早朝雄花の葯を触れさせて受粉させます。着果を確認してから追肥します。受粉後6週間ほどで、まだ片手で持てて、ヘタが硬くなる前に収穫します。その後1週間涼しい納屋などに置くと傷口がふさがれて日持ちします。

● ポン酢でさっぱり

　ガラスの器に装うと、黄色が映えてきれいです。夏の涼しくて軽い一品に、サッパリとポン酢のドレッシングで。カニ玉など中華スープに入れるとトロミが出てフカヒレ風、マヨネーズとあえるとスパゲティサラダ風になります。1個からたくさんそうめんができますが、ゆでたものは冷凍保存できるので便利です。

ゆでると果肉が麺状にほぐれる

> **memo**
>
> **メキシコ原産中国育ち**
>
> メキシコ原産のペポカボチャが中国で金糸(錦糸)瓜に育成されたようです。大正時代に鳥取や大分などに入り栽培がひろがりました。いとカボチャ、なますウリ、パスタウリなど、さまざまに呼ばれます。

花オクラ

アオイ科 *Abelmoschus esculentus* (L.) Moench

栽培ごよみ➡118ページ

豪華な花びらを食べる

　花は普通のオクラの倍近く10〜20cmあります。少しぬめりがあり、果実は硬いため食用にはなりません。生のままきざんでサラダに。特に生ハムと一緒に食べるとおいしい。さっとゆでて三杯酢や鰹節と醤油でも。ゆでるときは、花の付け根のガクを赤いめしべごとハサミで切り落とし、酢を少し入れて軽くゆでます。

◉つぼみで収穫

　つぼみ5〜6個にオクラ2本ぐらいをあわせて袋に入れると、オクラの花だとわかり、色あいもきれいです。冷蔵庫に入れれば2〜3日開花しません。

memo　若い葉も食べられる

東南アジアでは若い葉も食べています。若い葉は煮るとオクラ同様にぬめりが出て、スープにトロミがつきます。このぬめり成分はペクチンなどの水溶性食物繊維で、整腸作用やコレステロールの吸収抑制作用があります。

アスパラ菜

アブラナ科 *Cichorium intibus* L.

栽培ごよみ➡118ページ

和洋中に万能、茎が甘い花菜

　葉にも茎にもアスパラのような甘味があります。ゆでておひたし、白あえ、天ぷらで。一夜漬け、クリーム煮など和洋中なんでも。花はとても美しいのですが、咲ききると花びらが落ちるので、1、2輪咲きはじめるかな、ぐらいでつぼみを食べます。

◉株を弱らせずに長く収穫

　春、小指の太さの茎頂を摘しんします。伸びてきた側枝の花茎は下葉を2枚残して収穫すると、次に太い花茎が伸びます。さらにこの花茎を摘しんすれば3番側枝まで収穫できます。

memo　アスパラ菜は市場名

「オータムポエム」（サカタ）、「愛味菜」（トーホク）などの市場名がアスパラ菜です。中国野菜のサイシン（菜心）とコウサイタイ（紅菜苔）をかけあわせて生まれました。

ゴールデンビーツ

ヒユ科 *Beta vulgaris* ssp. *vulgaris* var. *vulgaris*

栽培ごよみ ➡118ページ

肌に良い 黄金色

　赤いビーツよりもマイルドで、甘くジューシーです。生で薄切り、ゆでてサイコロに切ってサラダにします。黄色い葉は、ホウレンソウのようにゆでて食べられます。非常に安定した天然色素（ベタキサチン：黄色）を持ち、ビタミン、ミネラル、天然のオリゴ糖が豊富で、鉄分の吸収も良いので特に肌に良い野菜といわれます。

◉苦土石灰で土壌を中性に

　酸性土壌は苦手です。10℃以下の低温で花芽分化し、さらに14時間以上の日長で抽苔が促進されます。種子は発芽しにくいので厚まきにします。

memo　アメリカのゴールデンビーツ

黄色いビーツが登場したのは1800年ごろといわれますが、アメリカの種苗商が1940年代に「バーピーの黄金ビーツ」としてカタログに掲載し、人気を博しました。土の中から金が現れるのを夢見たのでしょうか。

金美ニンジン
（きんび）

セリ科 *Daucus carota* L. ssp. *sativus* Arcang.

栽培ごよみ ➡118ページ

煮ると黄色く透きとおる

　シチュー、スープ、カレーに入れて加熱すると透きとおって艶が出て、いつまでもきれいな黄色が残ります。ニンジンくささやエグみがなく、とても甘いので子どもにも喜ばれます。生のままサラダやジュースにしても甘くておいしい。

◉初秋の地温で発色

　低い地温で黄色く発色しますが、あまり低すぎても発色しないので遅まきはさけます。横に大きく育つので7cm間隔で間引きます。熟期90〜100日の夏まきの早生種です。

memo　目を守るルテインが豊富

「金美ニンジン」（みかど協和）は、沖縄の島ニンジンを改良して作られた品種です。より色が濃い「金美EX」もあります。電子機器などの光から目を守るといわれるルテインが、オレンジ色のニンジンの約2.5倍含まれています。

黄イタリアンパプリカ

生 茹でる 焼く 揚げる 煮る

栽培ごよみ ➡118ページ

ナス科 *Capsicum annuum* L.

甘酸っぱく、さわやか

イタリアでコルノ・ディ・トーロ（雄牛の角）と呼ばれる、長く大きなパプリカです。牛角型とも呼ばれます。甘酸っぱく、香りが良く、種も少ない。皮が黒く焦げるほど焼くと香りと甘さが格段にあがります。肉厚なので焦げても大丈夫。焼肉やバーベキューにおすすめ。

◉初なりは摘果する

初なりの1個を着色前に摘果すると、株が弱らず、以降たくさん着果します。完熟するとオレンジになり、より甘くなるものもあります。

> **memo　パプリカはハンガリー生まれ**
> 南アメリカ大陸からヨーロッパに渡ったトウガラシの辛味を抜いて、トマト型のパプリカに育てたのはハンガリー人といわれます。その後、イタリアやオランダで育種が進みました。

黄ミニパプリカ

生 茹でる 焼く 揚げる 煮る

栽培ごよみ ➡119ページ

ナス科 *Capsicum annuum* L.

ピッタリお弁当サイズ

切らずにそのままお弁当や、おやつ代わりにも食べられます。甘く、ほんのり酸っぱく、さわやか。生で薄く輪切りにしてサラダでも。切って素揚げや天ぷらでも。
縦に切って、ピザソース、チーズ、ミニトマト、バジルなどのせて焼くのもおすすめです。

◉早どりで多収

草勢が強くたくさんなるので、ミニサイズですが着果の負担がかからないように早どりします。成熟までの期間が短いので変形などの奇形が出ず、作りやすい。

> **memo　7cmの野菜**
> 「ランチボックス・イエロー」（ナチュラルハーベスト）などの品種があります。7cmの果実は、サンドイッチ用のお弁当箱の高さにあわせています。

ゴールデンスイート

マメ科 *Pisum sativum* L.

栽培ごよみ ➡119ページ

甘い、インドの伝統品種

　甘くてさわやかなサヤエンドウ。インドの伝統品種で、「ゴールデン・スイート・スノー・ピー」といわれます。花は紫色で、サヤには実が6つ入ります。サヤはごく薄くスジも軟らかいので、ゆでるのはサッと。甘味と香りと彩りをサラダで手軽に楽しめる品種です。

◉サヤは8cm前後が一番甘い

　サヤが7～9cmの間が一番甘く、大きくなるとわずかに苦く、スジもできます。黄色は目立つので見落としませんが、遅くても9cmまでには収穫しましょう。

memo　丈は伸びるが作りやすい

人の背丈ほどに伸びるので支柱かネットが必要ですが、暑さに強く丈夫なので、霜が降る2ヵ月前までまけます。

黄金カブ

アブラナ科 *Brassica rapa* L.

栽培ごよみ ➡119ページ

煮くずれないスープ用のカブ

　水分が少なくデンプンが多い硬めのカブです。透きとおるまで熱を加えると軟らかく甘味も増します。ジャガイモやニンジンと同じく煮くずれません。小さなものでも思ったより使いでがあり、日持ちもします。ごく薄くそげば、サラダや味噌汁でも使えます。

◉苦土石灰で大きく育てる

　日本のカブよりアルカリ性土壌を好みます。酸性土壌では十分に肥大しないため、定植前に苦土石灰を十分入れて耕耘しておきます。

memo　日本のカブよりも甘い

日本のカブより硬い肉質のターニップと呼ばれる仲間で、広くヨーロッパで食べられています。日本のカブより40％程度カロリーが高く、抗酸化物質、ミネラル、ビタミン類も豊富に含んでいます。

コラム3
コンパニオンプランツ

コンパニオンプランツの『三姉妹』を植える様子（2009年発行のアメリカの1ドル硬貨）

　アメリカ先住民の自給畑では、トウモロコシの支柱にササゲマメが巻きつき、地面をカボチャが覆っていました。この3つの作物は『三姉妹』と呼ばれていました。マメの根粒菌が養分を作り、カボチャが水の蒸発や雑草を防いでいました。また、イネ科、マメ科、ウリ科とそれぞれ科が異なるので、必要な養分も好む病害虫も異なっていました。

　単独で植えるよりも、組み合わせて植えたほうがそれぞれが良く育つ関係を、コンパニオンプランツ（共生植物）と呼びます。また、これらを組み合わせて食べることは、栄養学的にも理にかなっているといわれます。

　彩り野菜の中にも、栽培で相性の良い野菜が、料理でも相性が良い例があります。

トマトとバジル

トマトのコナジラミという害虫をバジルが防ぎます。バジルが水を吸う分、トマトが乾燥気味に育つのか風味が良くなります。

 &

ナスとパセリ

お互いがそれぞれの害虫を防ぎます。パセリはナスの乾燥を防ぎ、ナスはパセリに日陰を提供します。

 &

キュウリと二十日大根

キュウリの根元に二十日大根をまくと、キュウリの害虫ウリハムシが根元に卵を産まないので、枯れにくくなります。

 &

緑の野菜

緑の彩り野菜は暑い夏をのりきるスタミナがたっぷり。真夏も丈夫に育つクウシンサイは鉄分も多く夏バテ予防に、消化をたすけるイタリアンパセリにパクチー。たっぷりの水分で食欲のないときでもツルリと入るナーベラー。緑の野菜をおいしく食べて、今年も元気に夏をのりきりましょう！

プンタレッラ

キク科 *Cichorium intibus* L.

栽培ごよみ ➡119ページ

ローマ式のサラダが定番

ローマ人が大好きな野菜です。アンチョビで甘味を引き出したサラダが絶品。まず花茎を切り取り、切り口から穂先にむけて細長く縦に割り、1時間ほど水にさらしてアクを抜きます。くるりと丸まってカールしたら、生ニンニクとアンチョビを一緒につぶしたものをかけまわし30分おきます。水が出てきたら、塩とオリーブオイルをふりかけて食べます。

プンタとは、穂先という意味で、春をむかえるためのビタミンやカロテンが豊富です。

◉大きく株を育てて抽苔させます

キク科のチコリの仲間です。盆明けにまき、11月頃から収穫します。早春に抽苔する晩生種もあります。まず根を育て株を作ります。品種の固定が不十分なのか、生育にもバラつきがあり、なかなか抽苔してこない株や抽苔すらしない株もあります。まだまだ面白味のある野菜です。

◉溶かしバターでも食べる

イギリスではアスパラガスチコリと呼び、溶かしバターをかけて手軽に楽しんでいます。ニンニクのみじん切りをたっぷりのバターで炒め、ささがきにして水にさらしたプンタレッラにさっとからめて食べます。バターを焦がさないのがコツです。ゴボウのようにささがきに削ると手間もかかりません。

中が中空になっているプンタレッラの花茎

ニンニクとアンチョビが香る、ほろ苦いローマ式のプンタレッラのサラダ

memo
新芽を割り出す専用の道具

ローマの伝統野菜で、イタリア以外の土地に広がったのはごく最近です。花茎を細く割るには手間がかかるので、イタリアには丸い穴にピアノ線を交差して張った、ちょうどトコロテンを突き出すように花茎を割り出す専用の道具まであります。

セルバチコ

アブラナ科 *Diplotaxis tenuifolia*

栽培ごよみ ➡119ページ

濃いゴマの風味とすっきりした辛味

　ルッコラ（ロケット）にくらべて野生種に近く、ゴマの風味や辛味が濃厚なのでサラダに加えたり、サンドイッチにはさむと味が引き立ちます。ワイルドルッコラとも呼ばれ、西洋七草（ムスクラン、p.70）でも使われます。春先に伸びた新葉が軟らかくておいしい。夏が来ると辛味が多少増えます。南イタリアではお乳がよく出るようになる野菜と言い伝えられています。食欲が出て、気持ちがシャキッとするのでお年寄りにも良いといわれます。

◉有機質肥料が独特の風味を引き出す

　ぜひ落ち葉堆肥や有機質肥料で香りよく作りたいものです。貝化石などの有機石灰を施用すると苦味も減ります。日あたりと水はけを好むので、畑の土手や法面、水溜まりのできない道端に放置して葉をとりながら長く楽しむのが良いでしょう。株元を束ねてビニールに入れ、立てておくと傷みません。

◉ピリリと辛いサラダのスパイス

　サラダで楽しむほか、ピザトーストの上に載せて焼いたり、ハムと一緒にサンドイッチにはさんでもおいしい。かるくゆでて刻み、ポテトサラダに入れるのも香りがたっておすすめです。どこか懐かしい味で和食にもあうので、焼き魚の付けあわせ、ソバの薬味、刺身のツマなどでも楽しめます。

生ハムとセルバチコのサラダ

> **memo**
>
> ### ルッコラとは花の色が違う
>
> 　ルッコラ（ロケット）は白い花で1年草、和名は「キバナスズシロ」。セルバチコは黄色い花で多年草、和名は「ロボウガラシ」。ふたつは別の種類です。ワイルド（野生の）ルッコラと呼ばれるのは、味が似ているからかもしれませんね。

アーティチョーク

キク科 *Cynara scolymus* L.

栽培ごよみ ➡ 119ページ

この部分を食べます

ゆでて四つ割にしたアーティチョーク

なぜかやみつきになる花菜

　多肉質の花床部を食べます。ゆでたてのタケノコやクリのような歯ざわりです。ほろ苦く、ほのかに甘く、煮ても、焼いても、蒸しても、揚げてもおいしい。茎と先端1.5cmほどを切り落とし、外側のがくを5、6枚むき、色が変わらないようにレモン汁をたらした水につけてから調理します。花にチーズやアンチョビなど詰め物をした料理もあります。食べものや飲みものがおいしくなり、手が止まらず、なぜかまた食べたくなる野菜です。

◉収穫作業のピークは春

　本葉8枚でウネ間1m、株間80cmで春に定植、翌年の春から6〜10年ぐらい収穫できます。主茎の一番目のつぼみを摘蕾すると主茎が高くなるのを抑えられ、わき芽の蕾数が増えます。早生から晩生まで品種がありますが、収穫は初夏に集中します。収穫以外はほぼ放任できるので、山の畑などに植えるのも良いでしょう。

◉丸焼きもおいしい

　ゆであげたアーティチョークのがくを1枚ずつ外して、がくの内側の基部を歯でしごきながら食べ、最後に一番おいしい花床に塩とオリーブオイルをかけて食べる方法もあります。そのまま薄い塩とレモンでゆでたり、炭火で丸焼きにしてもおいしい。開花させると驚くほど大きなアザミの花が見られます。

> **memo**
>
> **高機能性の野菜**
>
> アーティチョークには、一緒に食べたり飲んだりする物をおいしく感じさせる、シナリンという成分があります。この成分は肝臓と腎臓に良く、強壮、利尿効果があるといわれます。胆汁の分泌を増加させるのでコレステロール除去効果もあります。

チーマディラーパ

アブラナ科 *Brassica rapa* L. Ruvo Group

栽培ごよみ ➡119ページ

甘味と香りが強い西洋ナバナ

　花茎を食べるカブで、ほろ苦く甘味があります。ラーパ（カブ）の、チーマ（先端）という意味です。同じくターニップトップとも呼ばれます。ほろ苦い旨味があります。油との相性が良く、オリーブオイルで炒めてパスタにあえると食べあきません。お好みでニンニク、トウガラシ、アンチョビなどを加えても。ブロッコリーのような扱いで、ナバナ類の倍ぐらいの大きさ（30cm）で収穫します。食べるときは、太く硬い茎は切りとり、軟らかい葉と茎とつぼみだけを使います。

● 早生から晩生まで、秋まきの冬野菜

　花芽ができず葉を食べる早生種から、茎ブロッコリーのようにつぼみが大きな晩生種まであります。低温要求性が小さく花芽ができやすいので、栽培期間が長い利点があります。肥料は有機質主体のほうが甘く、旨味が濃くなります。ややアルカリ性の土壌を好みます。

● フリアリエッリとも

　チーマディラーパにはイタリア各地に地方名があります。南から北に順に、プーリアがチーマディラーパ、ナポリがフリアリエッリ、ローマがブロッコレッティ、フィレンツェではラピニー、という具合です。最近はピザの具としてフリアリエッリの呼び名が広がっているようです。

チーマディラーパのスパゲッティ

> **memo**
>
> **人の暮らしを支えた春野菜**
>
> 油との相性の良さや濃い旨味、軟らかい花茎を手でかきとるところなどは、関東の「のらぼう菜」にも似ています。のらぼう菜は江戸時代の2回の大飢饉から村人を救ったといわれる丈夫な春野菜です。チーマディラーパも質素なイタリアの食卓を支えてきました。

マーシュ

オミナエシ科 *Valerianella locusta* L. Laterr.

生 茹でる 焼く 揚げる 煮る

栽培ごよみ ➡119ページ

唐揚げの付けあわせにも

生で楽しむ ほのかな花の香り

ツツジの花の蜜を吸ったときのような、さわやかな花の香りがするかわいい野菜です。西洋では妊婦に良い野菜といわれ、ドイツではラプンツェルと呼ばれます。『塔の上のラプンツェル』に登場するのもこの野菜です。ヒツジが好むのでラムズレタス、トウモロコシ畑に生えるのでコーンサラダ、フランスでは小さな財布に似ているのでブルセットとかマーシュと呼ばれます。日本に帰化したものはノヂシャと呼ばれます。

◉半日陰、湿りけのある土でゆっくり育てる

いつでも種子をまけます。冬から春の貴重な生野菜で楽しめます。多くが自家用に栽培され、あまり市場には出ていません。細根を動かさず、水を切らさないのがコツです。夏は遮光、冬は保温すれば周年でとれます。みずみずしさを残すため根元から株ごとやさしく切り取り、ベビーリーフとしても使われます。

◉揚げ物や肉料理をさっぱりと

食べる前に水にさっとさらすと香りがたちます。クレソンのように利用でき、ステーキや唐揚げの付けあわせにすると口の中がさっぱりします。カロテンとビタミンCを多量に含む緑黄色野菜で、鉄やカリウムなどミネラルも多く含み、目や肌にも良いとされます。

> **memo**
>
> **グリム童話『塔の上のラプンツェル』**
>
> むかしむかしある男が、魔女が育てたラプンツェルを食べたいとせがむ奥さんのために盗んだのが見つかって、生まれたばかりの娘を魔女にとられてしまいます。魔女はこの主人公の娘をラプンツェルと名づけ、塔に幽閉するところからはじまるお話です。

韓国ズッキーニ(エホバッ)

ウリ科 *Cucurbita pepo* L.

栽培ごよみ ➡119ページ

皮が薄く、焼くとツルッ、トロッ

韓国のズッキーニです。皮が薄くてみずみずしく、クセがありません。焼くとツルッ、トロッとして上品な甘味があります。韓国では、エ(幼い)ホバッ(かぼちゃ)と呼び、大切にされてきました。手軽でおいしいホバッナムルがおすすめ。作り方は簡単で、皮つきで3mm程度に半月切りしたものをゴマ油で透きとおるまで3〜5分焼き、塩、おろしニンニク、香りづけに醤油を入れるだけ。焼肉のタレを使ってもおいしいです。

◉ 開花後10日目の幼果を収穫

ツル性なので棚作りします。開花後10日ぐらい、太めのキュウリぐらいで収穫します。朝、ミツバチが飛んでいなければ人工受粉します。韓国カボチャ、朝鮮カボチャとも呼ばれ、「カボッキー」(松永種苗)、「マッチャン」(サカタ)、「リッチーナ」(タキイ)など作りやすい品種がでてきました。

◉ やさしい香りをいかす韓国料理

ジョン(卵のつけ焼き)は宮廷料理。薄切りにして小麦粉をまぶし、溶き卵にくぐらせてゆっくり焼くやさしい味です。葉のサム(包む)料理は、香りをいかす質素な家庭料理。わき芽かきのついでに上から4枚目ぐらいまでの軟らかい葉を採り、葉裏のスジを取って蒸し、これでご飯を包んで食べます。

韓国ズッキーニのナムル

> **memo**
>
> **夏の疲労回復、むくみとりに**
>
> 動脈硬化の予防や、むくみとり、疲労回復に効果があるビタミンAが多く含まれています。胃にもやさしい。保存用に輪切りにして乾燥したものをホバッコジと呼び、水で戻して使います。幼果で皮が薄く日持ちしないので自家用がほとんどです。まさに直売所向けの野菜です。

アスパラソバージュ

ユリ科 *Ornithogalum pyrenaicum*

生　茹でる　焼く　揚げる　煮る

栽培ごよみ ➡119ページ

ブルゴーニュの森のアスパラガス

　オーニソガラムという花の仲間で、ユリ科の球根植物です。春に伸びだした花茎を摘んで食べます。アスパラのような味で少しぬめりがあり、どこかワラビにも似ています。サッとゆでてマヨネーズで食べたり、オムレツ、パスタに入れたりします。洋食だけでなく和食にもあい、特に天ぷらが絶品です。種子が市販されていますが、球根養成だけでも最低3年かかります。フランスのピレネー山麓では、牧草地や林縁にもはえています。

◉ 夏は休眠、秋に植替え

　植替えは9月。夏の休眠中の高温を経過後、17℃前後で花芽分化するといわれます。冬は凍らない程度に地温を確保し乾燥気味に。春に葉芽が伸びだしたらじょじょにかん水をはじめます。栽培の先駆者は、花茎の抽苔を揃えるために、春先に地際から20cmで剪葉（葉先の切除）をくり返すなど試行錯誤しています。

アスパラソバージュのバター炒め

◉ アスパラソバージュのバター炒め

　サッとゆがいてバターで軽く炒め、仕上げに粉チーズをかけて食べます。このほか、炒めたアスパラソバージュをそのままフライパンに並べて、溶き卵を流し込んで卵焼きにしてもおいしい。おひたしや天ぷらなど日本の山菜と同じように食べるのも一興です。

> **memo**
>
> **栽培の先駆者**
>
> 山形県庄内の海岸沿いの砂丘地帯、JAそでうら管内の佐藤吉徳さんはアスパラソバージュを20年近く作ってきました。組織培養からコツコツ増殖して、今では輸入品の3倍も太くて品質の良いものを出荷しています。

翡翠ナス
<small>ひすい</small>

ナス科 *Solanum melongena* L.

栽培ごよみ ➡119ページ

素揚げや味噌炒めで

　加熱して食べる使い勝手のよい翡翠色のナスです。翡翠ナスは品種名ではなく、アクが少なめで、皮が薄く、加熱すると中はトローっとして甘いものが翡翠ナスと呼ばれています。自家採種して作ります。蒸したり、揚げても皮の緑色は変わりません。目に涼しく夏向けです。紫のナスに比べて皮が厚めなので、スリップスなどの害虫が少ないようです。

● 翡翠ナスの種子とり

　翡翠ナスはぜひ、種子をとりましょう。気に入った実は樹で完熟させてから収穫し、日陰で2週間追熟します。その実を布袋等に入れて木槌で叩いて種子を出します。種子は水洗後に天日乾燥してから保存します。ナスの種子は長寿命なので5年以上もちます。その他の色や形のナスも同様に種子がとれます。

● 翡翠の蒸しナス

　蒸しても色が変わらず、とても美しい。おろしショウガをそえて。洗ったままラップを巻いて電子レンジで蒸すのも手軽でおすすめ。マーボナスや味噌炒めにしても濃いタレの味に負けません。しっかりした甘さがあります。

翡翠の蒸しナス

> **memo**
>
> **青や白とも呼ばれる伝統品種**
>
> 緑色のナスは明治時代に伝わり、各農家で自家採種されてきました。青ナスや白ナスとも呼ばれています。沖縄、鹿児島、埼玉などには在来品種もあります。甘く皮が薄いものが選抜されてきたようです。翡翠ナスは、藤田種子、野口のタネなどの種苗会社でも入手できます。

コールラビ

アブラナ科 *Brassica oleracea* L. Gongylodes Group

生 茹でる 焼く 揚げる 煮る

栽培ごよみ ➡ 119ページ

中はカブのように白い（右は紫の品種）

煮ても生でも炒めても

　キャベツの仲間で、茎が丸く肥大したものです。形はカブに似ていますが、調理法がカブとは違います。皮は厚めにむいて小さく切って使います。ちょうどキャベツの芯のようにシャキシャキして甘いので、炒めたり煮込んで食べます。煮込むとスープの旨味を吸い込んでなかなかおいしいです。ごく薄くスライスすれば生でも食べられます。味噌汁の具にしようとしてカブのように大きく切っても硬くて食べにくいので、注意してください。

⦿ テニスボール大までに収穫

　テニスボールの大きさ（7cm）までに収穫します。それ以上になると白くスが入り食べられません。気温14℃以上で栽培し、約60日で収穫します。収穫時にすべての葉を切り落とし、切り口を乾かせば、とても日持ちが良くなります。食味が肥料に左右されやすいので、有機質肥料主体で甘く香り良くしあげます。

⦿ 煮くずれずに甘味たっぷり

　炒めると甘い汁が出てきます。水やスープを加えて煮込むと旨味が染みこみます。細切りにしてチンジャオロースやホイコーローに入れると肉の汁を吸いこんで、甘く、歯ごたえも楽しい。中に白くスが入っているものはスカスカで食べられません。なるべく小さい、7cm以下のものを選んでください。

> **memo**
> **アブラナ科で、茎を食べる。紫の品種も**
> ギリシャ原産で16世紀頃イタリアとドイツで育種されました。ドイツ語のコール（キャベツ）ラビ（カブ）。貯蔵性と輸送性が良いので、中国でも昔から広く栽培されています。日本にはキャベツと一緒に明治時代に入ってきました。蕪玉、蕪甘藍ともよばれます。

スベリヒユ

スベリヒユ科 *Portulaca oleracea* L.

生	茹でる	焼く	揚げる	煮る

栽培ごよみ➡119ページ

世界中で食べられている強健な野菜

ヨーロッパやアメリカなど、世界中でよく食べられている野菜です。山形県や福島県では『ひょう』や『びゅう』と呼び、からしあえや、からし味噌あえで食べます。山形では干して保存してお正月の煮物にも入れます。沖縄では『ぴーすな』と呼び、ゴマ味噌あえで食べます。ある専門家によると、アフリカのマラウィ語では、葉の形から『親方の奥さんのお尻』と呼ばれるそうです。

◉畑のわきに植えたほうがよく育つ

畑のわきに育てておき、年によって他の雑草を取り除いて大きく育てます。洋種は立ち性で葉も大きく軟らかです。在来種と交雑するとだんだん地面を這うようになります。なるべく密植してタテに伸ばしたほうが、シュウ酸の少ないサラダ向きの味になります。

◉シリアのミントサラダ『ファトゥーシュ』

スベリヒユ、皮をむいてサイコロに切り塩をふったキュウリ、ちぎってレモン汁で湿らせたパン、トマト、タマネギ、コリアンダー（パクチー）、ミント、ニンニクをそれぞれきざんで混ぜたものに、オリーブオイル、黒コショウで味付けした、中東シリアの夏のサラダです。かすかな辛味と酸味、そして独特のぬめりがあります。

夏のサラダ『ファトゥーシュ』

ゆでてカラシ醤油で食べるスベリヒユ

memo
オメガ3脂肪酸がたっぷり

オメガ3脂肪酸は青魚やサケなどに多く含まれ、中性脂肪を減らし血管を丈夫にし、目や記憶力、動脈硬化や花粉症にも良いといわれます。スベリヒユは野菜の中で多くこれを含みます。夏にゴマやカラシ、ミントなど香りが良いものとあわせると食も進みます。

ロマネスコ

アブラナ科 *Brassica oleracea* L. var. Botrytis Group

生　茹でる　焼く　揚げる　煮る

栽培ごよみ ➡119ページ

| memo | 珍しい巻貝のような渦巻き模様 |

入れ子で同じ形が何度もあらわれるフラクタルと呼ばれる模様で、少し目が回ります。やりがい、スパイラルなどとも呼ばれますが、ロマネスコが定着しています。海外ではカリフラワー扱いもされます。国内での改良種もあります。

渦巻き模様で、ほんのり甘い

イタリアのローマで400年以上昔から作られてきた、ブロッコリーとカリフワラーの兄弟です。ビタミンCはカリフラワーの2倍、カロテンは9倍もあります。ほんのり甘味があって、生でもおいしい。サッとゆがいてスープ、グラタン、シチューやサラダで使います。アンチョビとニンニクで炒めてパスタで食べても。

◉のんびり収穫

収穫までの日数は約120日です。日にあたると色が鮮やかになるので、結束して遮光する必要はありません。花はゆっくり育つので収穫の幅は広めです。

エンダイブ

キク科 *Cichorium endivia* L.

生　茹でる　焼く　揚げる　煮る

栽培ごよみ ➡119ページ

| memo | 4000年前から食べられていた |

原産地は東部地中海沿岸といわれ、紀元前から食べられてきました。特に、エジプト人、ギリシャ人、ローマ人がさかんに食べました。エンダイブはミネラル（特にカリウムとカルシウム）とカロテンを豊富に含んでいます。

ゆで卵でほろ苦い大人のサラダに

ニガチシャと呼ばれるとおり、レタスよりも味が濃くて苦味があり、縮れた葉の歯ごたえが好まれます。卵を固ゆでにし、白身はみじん切り、黄身は裏ごしして、オイル、レモン汁を加えて作ったドレッシングをかけた『サラダ・ドゥ・シコレ・フリゼ』はサラダの名品です。

◉下葉を収穫するか、株ごと軟白

生育適温や抽苔特性はレタスと似ています。下葉をかきとって緑のまま食べるか、収穫10日ほど前に外葉を結束して内側の細い葉を軟白し、苦味をやわらげます。

緑ミニトマト

ナス科 *Solanum lycopersicum* L.

| 生 | 茹でる | 焼く | 揚げる | 煮る |

栽培ごよみ ➡119ページ

緑なのに未熟じゃない

さわやかな甘さとほのかな酸っぱさ。緑なのに熟しているので驚きです。加熱すると甘味が引き出され、味に深みが出ます。揚げたり、炒めたりもできます。きれいなグリーンのソースにすることもできます。サラダに少量加えると、全体が鮮やかになり華やかさが増します。

◉実の硬さをみて収穫

緑のまま熟しますが、収穫適期はトマトにやや黄みがさし、果皮が軟らかくなったときです。草丈も伸びるので支柱に誘引して作ります。

memo　昔々のトマトの強さも持っている

緑のミニトマトは、より野生種に近いといわれます。野生に近い品種では種子の部屋(子室)が2つしかありません。病気に対して丈夫なので、トマトに耐病性を持たせるための育種でも利用されています。

リーフチコリー

キク科 *Cichorium intibus* L.

栽培ごよみ ➡119ページ

形はハクサイ、味は甘いレタス

ハクサイのように細長く、しっかり結球するタイプのグリーンチコリです。ハクサイのように使えます。鍋や味噌汁に入れたり、温かいクリーム煮にしてもおいしい。ツナ缶やカリカリに焼いたベーコンとあわせたサラダやパスタもおすすめ。

◉夏でもシャキシャキ

苦味はほとんどないので軟白は不要です。本来は9月まきの冬野菜ですが、暑さにもわりあい強く、少し苦味は出ますが春まきで夏出しもできます。

memo　砂糖の山と呼ばれて

ハクサイタイプのグリーンチコリはシュガーローフ(砂糖の山)とも呼ばれます。イタリアではパン・デ・ズッケロ(砂糖菓子)とも。チコリは色で大別でき、この緑のハクサイタイプのほかに、赤(トレビス、プレコーチェなど)、白があります。

緑パプリカ

ナス科 *Capsicum annuum* L.

生 | 茹でる | 焼く | 揚げる | 煮る

栽培ごよみ ➡120ページ

サンドイッチで生きる味と香り

香りや色はピーマンに似ていますが、果肉が肉厚でジューシーです。薄緑（ミント）色の「ロゾルノ」はピーマンの香りが弱めでサラダにも使いやすい。メキシコでは、サンドイッチにはさむためにピーマンなみの強い香りと苦味も好まれます。濃緑色の未熟果で『ピメントス・ヴェルデ』とも呼ばれます。

◉黄色や赤パプリカの未熟果

赤、黄のパプリカも未熟果では緑パプリカとして収穫できます。収穫までの期間が短いので、株は弱りません。

memo　ピーマンと同じ仲間

ピーマンはシシトウガラシに含まれる大型の欧米系品種をさしていましたが、第2次世界大戦後、辛くないトウガラシをすべてピーマンと呼ぶようになってきました。ベル型で肉厚のピーマンはパプリカと呼ばれていますが、本来のパプリカはハンガリーで育成された辛くないトウガラシをさします。

バナナピーマン

ナス科 *Capsicum annuum* L.

生 | 茹でる | 焼く | 揚げる | 煮る

栽培ごよみ ➡120ページ

軟らかく甘い 炒めものにも

長さ10〜15cmくらいで、バナナのような細長い中型のピーマンです。軟らかく甘味があります。この甘味をいかして生でサラダがおすすめです。シシトウのように焼いて醤油、甘辛味噌をつけても、肉詰めにして焼いても、ジャコと一緒に炒めても、おいしいです。種子も少ないのでそのまま使えます。

◉クリーム、黄色、オレンジ、赤で楽しめる

収穫はじめには未熟果（クリーム、黄色、オレンジ）で、株に勢いがついてきたら完熟（赤）果で収穫できます。成り疲れしないように追肥します。

memo　ごくまれに辛くなることも

近くにトウガラシが植わっていたりすると、虫媒で、まれに辛い実がなることがあります。外見では判別できないので、試しにかじってみてから料理してください。

プチヴェール

アブラナ科 *Brassica oleracea* L.

栽培ごよみ ➡120ページ

まるで緑色のミニバラ

　日本生まれの、芽が結球せずに葉が展開している、新しい芽キャベツです。苦味がなく、とても甘い。外葉や芯も炒めて食べます。沸騰したお湯でゆで、ゴマあえやドレッシングをかけてもおいしいです。ゆでると鮮やかな緑になります。お弁当に、小鉢や付けあわせに。根は入浴剤として利用できます。

◉3色あり 苗で購入

　赤、白の品種もあるので、3色そろえての出荷は彩りも良く楽しい。苗は購入します。有機質肥料とリン酸で育てると甘味が出るので、専用肥料を検討してみてください。

memo　国産の新野菜

増田採種場が1990年に発表した結球しない不結球性芽キャベツです。芽キャベツとケールを交配しているので、栄養価が高く、ビタミンC、カルシウム、鉄分が豊富です。

芽キャベツ

アブラナ科 *Brassica oleracea* L. Gemmifera Group

栽培ごよみ ➡120ページ

苦味が特徴　大人の野菜

　苦味と歯ごたえが大人の味。10分ほど塩水でゆでて水を切ったものを料理します。溶かしバターをかけてゆっくり炒める温野菜がおすすめ。クリームシチューやグラタンなどバターを使った料理によくあいます。コロンとそのままグレープフルーツと一緒に食べると、苦味がきいたサラダになります。

◉株ごと楽しめる

　草丈1mに伸長して50〜80個近くわき芽がつき、下から順に摘み取って収穫します。株ごと出荷するのも見栄えが良く、上に残した葉もおいしく食べられます。

memo　一度消えた謎の野菜

13世紀、中世のブリュッセルで栽培されたあと600年間消息が途絶え、100年ほど前に七面鳥料理の付けあわせで栗のかわりに復活しました。キャベツに比べてビタミンCが4倍、カロテンは約7倍多く含まれる緑黄色野菜の優等生です。

イタリアンパセリ

セリ科 *Petroselinum crispum* (Mill.) Nyman ex A.W.Hill var. *neapolitanum* Danert

栽培ごよみ ➡120ページ

イタリアの万能野菜

　地中海原産でイタリアで野菜といえば、このパセリを指すほどです。消化促進、口臭予防、毒消しや香りづけのためなど、なんにでも使います。セージ、ローズマリー、タイムと並ぶ抗酸化力が高い野菜です。カールしたパセリより苦味が少なくやさしい香りがします。パスタ、スープ、肉や魚料理の仕上げに入れます。冷凍しても使えます。

◉水を切らさず、外葉から長く収穫

　水持ちの良い土で水を切らさず育てます。播種から約5ヵ月後本葉10枚目から葉を収穫します。株あたり最低10枚以上葉を残せば、わき芽が伸びて長く収穫できます。

memo　さわやかな香り成分が口臭を消し、消化を助ける

カロテン、カルシウム、ビタミンなどの栄養を多く含みます。香り成分のピネン、アピオールには抗菌、殺菌作用があり、口臭を消し、消化を助けます。

チャービル

セリ科 *Anthriscus cerefolium* L.

栽培ごよみ ➡120ページ

ローマ時代から使われてきたハーブ

　葉が細かく切れこんだ甘い香りがするハーブ。別名はノハラジャクで、フランス名はセルフィーユです。さわやかでやさしい甘味があり、料理を引き立てます。ケーキ、クリームパフェ、オムレツ、ポテトサラダなど卵や牛乳を使った料理と相性が良く、消化を助けます。

◉明るい日陰でも育ち、生育も早い

　種子はごく浅くまき、土の湿度を保ちます。春まきでは温暖長日で早くトウ立ちするので秋まきします。本葉を10枚残せば3ヵ月ほど収穫できます。連作できます。

memo　人にも野菜にも良い

カリウムとカルシウムが多く、またカロテンとビタミンCを多く含み、血液の浄化と高血圧の予防効果があります。レタスと相性の良い野菜（コンパニオンプランツ）で、隣に植えるとアリ、アブラムシ、ナメクジの被害が少ないといわれます。

パクチー（コリアンダー）

生 茹でる 焼く 揚げる 煮る

セリ科 *Coriandrum sativum* L.

栽培ごよみ ➡120ページ

油ものに加えると胃がすっきり

独特の香りがする葉は、鍋料理や焼きソバなどの炒め物、春巻などによくあい、消化を助けます。解毒、消化促進効果があり、油の酸化も予防します。原産地は地中海沿岸です。コリアンダーと呼ばれてきましたが、1990年頃からエスニック料理などをきっかけにタイ語のパクチーが通じるようになりました。

◉田んぼで作ると本場の香り

年2作でき、連作もできます。水を切らさず、種子のときから強い光をあてて育てると香りが強くなります。特に根がおいしいのでなるべく根つきで出荷します。

memo　種子はスパイス

乾燥した種子は3000年前からスパイスとして使われてきました。柑橘のような甘い香りなので、カレーやスープ、お菓子にも使います。タイやベトナムにはより強い香りのパクチー・ファラン（ノコギリコリアンダー）という香辛野菜があります。

十六ササゲ

生 茹でる 焼く 揚げる 煮る

マメ科 *Vigna unguiculata*

栽培ごよみ ➡120ページ

夏のスタミナ野菜

ゆでておひたし、ゴマあえ、ショウガ醤油で。豚肉と一緒に炒めて元気が出る夏の夕食に。早採りは軟らかくおいしい。インゲンに比べるとサヤが薄いので、炒めたり煮込むと出汁をすって旨味が増します。

◉硬くなる前に収穫

アフリカ原産なので、気温が20℃前後になってから種子をまきます。収穫は盆過ぎになりますが、開花後20日以上置くと硬くゴム状になるので、早めに収穫します。

memo　昔からの夏野菜

サヤの中には豆が16個あるといわれますが、実際にはもっと多くの豆ができることがあります。各地に伝統野菜として伝わり、三尺ささげ、十八豆などがあります。食物繊維を多く含み、カロテンもサヤインゲンの2倍くらい豊富に含んでいます。

クウシンサイ（エンサイ）

ヒルガオ科 *Ipomoea aquatica* Forssk.

栽培ごよみ ➡120ページ

豚肉とサッと炒めて、夏バテ解消

　夏場、葉ものが切れる暑い盛りでも育ちます。ヨウサイ、アサガオナともよばれます。ビタミン、ミネラル、特に鉄分が多いので夏バテ予防、疲労回復に効果があります。ニンニクで香りをつけた油で豚肉を炒め、火を止める寸前に入れるのがシャキシャキを残すコツ。疲れて帰ってきた夜もサッと作れます。

⦿水さえあれば旺盛に伸びる 台風にも強い

　東南アジアが原産地なので、暑さにも大雨にも負けない耐湿性があり、倒されてもすぐ持ち直します。草丈が20cmになったら地際6cmを残して摘み取れば、節から側枝が伸びて収量が増えます。

memo 溜池や水路での栽培も

芯が空洞なので空芯菜と呼びます。茎を浮き袋にして育つ、もともとは水草です。肥料もよく吸うので溜池などに浮かべたコンテナで水質浄化栽培におすすめ。寒いのは苦手なので、ポリエチレン袋に入れて6℃以上15℃以下で貯蔵します。

シカクマメ

マメ科 *Psophocarpus tetragonolobus* (L.) D.C.

栽培ごよみ ➡120ページ

お肌のハリに効果あり

　切り口が四角なので四角豆と呼ばれます。タンパク質などの栄養素が非常に多く、豆の部分には肌のハリに効果があるフィブリン5も含まれています。サッとゆでてマヨネーズと醤油、鰹節をかけたり、天ぷらで。冷やすとヒダの部分が黒く傷みやすいので冷蔵庫には入れないでください。花や葉、熟した豆も食べられます。

⦿乾燥にも夏の暑さにも強い

　パイプハウスの骨や支柱で栽培します。硬くなりやすいので収穫は7cmまでの若採りで。発芽を揃えるため種子は2時間水に浸けてから播種します。肥料は多めに。

memo 夏場に地面を覆い、土地を守る

南インド洋が原産といわれ、熱帯アジアやアフリカで古くから食べられてきた野菜です。日長感応が弱く真夏から実がつく「うりずん」「わこさま」などの品種もあります。法面や林縁が荒れるのを防ぐために、夏場に地面を覆わせるアイディアも。

ナーベラー

ウリ科 *Luffa cylindrica* (L.) M.Roem.

栽培ごよみ ➡120ページ

水分たっぷり、トロトロの沖縄野菜

　沖縄ではゴーヤと並ぶ夏野菜の王様です。開花後10日以内の、種子も繊維もない幼いヘチマの実です。皮をこそぐか薄くむき、厚めの輪切りで使います。豚肉や豆腐と炒めると、トロリと甘い汁が出てきて、お麩のようなやさしい口当たりに。軽く塩ゆでして酢味噌をかけてさっぱりと。味噌汁やすまし汁でも。

◉日陰がうれしい棚栽培で

　棚栽培で孫、ひ孫ヅルから幼果をとるので、50日程度の大苗を5坪あたり1株2本植えで。中秋の名月には、地上1mの孫ヅルからヘチマ水をとりましょう。

memo　なーべーらーのどぅ汁
沖縄では『なーべーらー』はヘチマのこと。井戸のそばに植えられて、涼しい日陰を作っていました。炒めたときに甘い『どぅ汁』が出るので、水は加えずに味噌で味をつけます。豆腐や豚肉を入れると『んぶしー』になります。

サヤダイコン

アブラナ科 *Raphanus satirus* var. *caudatus*

栽培ごよみ ➡120ページ

小ぶりでもピリッと大根。夏の薬味に

　カイワレに似た香りと辛さ。インゲンのようなスジがなく、軟らかい。きざんで冷奴や納豆の薬味に。軽く炒めて塩コショウすると、ビールのおつまみに最高。軟らかくて大きなサヤを食べるための種類で、ダイコンのように根は大きくなりません。

◉春ダイコンのサヤもいけそう

　「タイグリーン」、「ラットテールド」、「フェアリーワンド」など、専用品種があります。種子採り用の春ダイコンのサヤでも甘くておいしいものがあるようです。

memo　タイやインドでは普通の野菜
タイの品種は周年収穫でき、枝ごとサッとゆでて食べます。インドの品種は年に一度しかとれませんが、長さが30cm以上にもなる大きなサヤがつきます。

コゴミ

イワデンダ科 *Matteuccia struthiopteris* (L.) Todaro

生　茹でる　焼く　揚げる　煮る

栽培ごよみ ➡120ページ

アクぬきのいらない 山の野菜

　サヤインゲンやアスパラと同じぐらい2〜3分ゆでるだけで食べられます。オメガ3およびオメガ6脂肪酸、鉄や繊維が多い野菜で、冷凍で保存できます。オリーブ油との相性も良いので、サラダやパスタに、おひたしやゴマあえなどにしても。

◉ 土手に植えてどんどん増やす

　クサソテツというシダ植物です。晩秋か早春に株ごと掘り採って田畑の北向きの土手（法面）に植えれば増えます。斜面で水持ちが良ければ南向きでも大丈夫。畑の肥料のおかげで毎年収穫できます。

memo　形をいかして飾り付けにも

北半球では普通に食べられている野菜です。2本向かい合わせてハート型にして料理を飾ったり、古代ケルト風の渦巻き模様に並べてパイに焼いたりします。人が前かがみで縮こまっているように見えることからコゴミと呼ばれます。

シュンギク

キク科 *Chrysanthemum coronarium* L.

生　茹でる　焼く　揚げる　煮る

栽培ごよみ ➡120ページ

加熱は短く、ハーブとして楽しむ

　地中海原産で、欧米では香りの良いハーブとして使われています。軟らかいところは香りのアクセントとして生でサラダに。ゴマ油で軽く炒めてポン酢をかけても箸がとまりません。最後にゴマをふってもおいしい。香りも栄養も残ります。

◉ 周年で楽しめる香りの野菜

　春は4月まき、秋は9月まき。関西でキクナと呼ばれるタイプは、葉の切り込みが弱く根元から広がり、根から切り取って収穫します。一方関東では、株立ちの株で分枝したものを順に摘み取って収穫します。

memo　もとは新菊

秋の鍋物用なのになぜ『春菊』なのか疑問でしたが、茎の伸びない新葉を食べるので、もともとは『春菊』ではなくて『新菊』と呼ばれていたようです。カリウム、マグネシウム、リン、鉄分などのミネラルが多く、骨を丈夫にします。

ミニキュウリ

ウリ科 *Cucumis sativus* L.

栽培ごよみ ➡120ページ

スナック感覚で楽しい食べきりサイズ

　お弁当用のウインナーと同じ食べきりサイズ。緑と白の2種類あります。皮も薄くサラダのほか即席でも漬けられます。中近東ではこのサイズのキュウリが多く、冷やして水代わりに露店で販売されています。

◉暑さに強く、手間もかからず超多収

　病気にも強い。枝わかれが少なく、主枝の節ごとに実がつくので枝の整理の手間がかからず密植できます。収穫がはじまったら、最低週1回は追肥します。

memo　小さくても味が良く直売向け

中原採種場の「ドカナリ千成」、神田種苗の「ラリーノ」などがあります。作りやすさと味で勝負する直売所向けです。

わさび菜

アブラナ科 *Brassica juncea*

栽培ごよみ ➡120ページ

フリルが特徴 さわやかな辛味

　わさびのようなピリッとした辛味が鼻に抜け、とてもさわやか。ギザギザのフリルも特徴。サラダのほかにちくわ、納豆、お刺身にもあいます。ハムとマヨネーズでサンドイッチにはさんでもおいしい。天ぷらは辛みが抜け、サクサクとした歯ざわりに。お年寄りにも好まれる、抜群においしい野菜です。

◉葉をかきながら長く収穫

　九州の在来カラシ菜から生まれた変異種から育成されました。秋まきで大きく育てれば春まで葉が収穫できます。春まきはトウ立ちするのでベビーリーフで収穫を。

memo　辛味成分で血液サラサラ

辛味は、シニグリンが酵素の働きでアリルイソチオシアネートに変化したものです。殺菌作用や血栓予防効果があるといわれます。

ムスクラン

キク科、ナデシコ科、アブラナ科 *Cichorium intibus* L. 他

栽培ごよみ ➡120ページ

イタリア生まれの元祖リーフサラダ

　7種類の味と香り、風味、形や色をさまざま組み合わせたリーフサラダ。イタリアではキク科を中心に春の野草を7つ組み合わせます。日本の若菜摘みではアブラナ科を中心に7つ揃えます。フランスではキク科5種とナデシコ科、アブラナ科各1の計7つと規格で決まっています。

◉覆土は薄く、発芽まで水を切らさない

　ムスクランとして混合された種子も市販されています。発芽に日光が必要なキク科が中心なので、覆土を薄く、発芽まで水を切らさずに発芽を揃えます。別々に育てて組み合わせて出荷することもできます。

memo　ローマ、ラツィオ州の名物料理

イタリアではムスクランをミスティカンツァ（まぜこぜの）と呼びます。スカロール（広葉エンダイブ）、エンダイブ (p.60)、レタス、トレビス (p.15)、ダンデライアン（タンポポ、p.30）、マーシュ (p.54)、ルッコラなどの野草を混ぜます。

アグレッティ

ヒユ科 *Salsola soda*

栽培ごよみ ➡121ページ

ローマに春の香りを運ぶ高級野菜

　うっすら塩味があり、シャキシャキした歯ざわりです。軽くゆでてオリーブオイルとレモン汁で食べます。スパゲティや粉チーズともあいます。ローマでは大昔から『お坊さんのひげ』と呼ばれ、山菜のように季節を感じる春の野菜です。オカヒジキよりもかなり大柄で、クセのない味です。

◉秋まきは冷蔵庫で冷やしてからまく

　種子休眠を低温で破るために、湿らせた種子を冷蔵庫で10日冷やしてからまきます。日が短くなると花が咲き、秋に種子をとります。播種後1ヵ月で草丈10cm、本葉6枚の軟らかいものを収穫します。

memo　大きく育てて束ねて出荷も

イタリアのように草丈20cm以上の根付きの株を束ねて出荷しても良いでしょう。ただし株元に土がついているので丁寧な掃除が必要になります。イタリアの直売所では、お客さんが自分の台所で農産物の土を落とすことになっています。

エゴマ

シソ科 *Perilla frutescens* (L.) Bitt. var. *frutescens*

生 / 茹でる / 焼く / 揚げる / 煮る

栽培ごよみ ➡121ページ

香りの良い葉でいろいろ包んで楽しむ

軽く蒸して軟らかくした葉で、野菜、ご飯、焼き肉などを包んで食べます。昔から『荏包（えづつみ）』といわれた食べ方です。エゴマのキムチやニンニク醤油漬けは夏バテ予防におすすめ。葉を一枚とってアツアツのご飯を包みます。

⦿ 日陰で湿潤に育てる

昔から、エゴマは湿気る土地（長雨の年）、ゴマは乾く土地（干ばつの年）に良くできる、という言い伝えがあります。若い葉をはやめに収穫します。

memo 東アジアの在来野菜

シソと同じく東アジア原産で、日本では5000年前の縄文時代前期から食べられてきました。葉はα-リノレン酸に加えて認知症予防が期待されるロスマリン酸を多く含みます。

グリーンカリフラワー

アブラナ科 *Brassica oleracea* L. var. Botrytis Group

生 / 茹でる / 焼く / 揚げる / 煮る

栽培ごよみ ➡121ページ

甘く、木の実の香り

ブロッコリーとカリフラワーの交配種です。味は甘く、木の実のような香りがあります。カリフラワーのようなエグみはなく、歯ざわりはブロッコリーに似ています。ブロッコリーはつぼみの集まりを食べ、あわせて茎も葉も食べられます。カリフラワーは未発達の花芽の集まりを食べるので、ふつう茎や葉は硬くて食べられません。

⦿ 初期の生育を旺盛に

初期に肥料を効かせて葉色を濃くし、寒さにあたるまでに葉数を増やすのが花らいを大きく作るコツです。ロマネスコと同様に花らいを遮光する必要はありません。

memo ブロッコリーとカリフラワーの交配種

ロマネスコのように、カリフラワーとブロッコリーの良い点を兼ね備えています。国内では「きみどり君」、「遠州みどり花やさい」、「連峰」、「黄玉」などがあります。写真のグリーンカリフラワーの花らいは少し過熟気味です。

コラム4
野菜の色と健康①
～紫外線から遺伝子を守る～

　色とりどりの野菜は、その野菜の色ごとに体に良い成分も変わります。たとえば、紫色の色素、アントシアニンは高い抗酸化作用のほかに、加齢による視力低下、高血圧予防、肝機能の保護などさまざまな効果がありますが、紫色の野菜は強い紫外線から自らの遺伝子を守るためにアントシアニンを手に入れたと考えられています。

　野菜の色をおいしくいただいて元気に暮らしたいものです。

黒いニンジン（p.92）は大昔からの品種

アントシアニンの多い「シャドークイーン」（p.80）

　ニンジンは、もともとアフガニスタン（ヒマラヤ、ヒンズークシ山麓）など高山が原産地で、土が少なく氷河が運んだ岩クズに根をからませ、強い紫外線のもとで育っていました。そのため、黒（紫）や赤色のアントシアニン、あるいは日光を反射する白色（p.104）で根を守っていたのでしょう。今でも畑に石があると、根をからませるのはその名残りです。

　ジャガイモの原種の多くは、アンデスの標高3000m付近の高山植物です。強い紫外線から自らの遺伝子を守るために、花、実、芋それぞれに紫外線をカットするアントシアニンを持っています。これらの原種の性質を強く持っているのが、ペルーなどに残る紫や赤のジャガイモです。日本でも赤や紫のアントシアニンの多い品種が増えてきました。

300種あるといわれる
ペルーの伝統品種
原田慶子（在ペルー）撮影

紫の野菜

目によいとされるブルーベリーの成分アントシアニン。紫の野菜にも、もちろん含まれています。血のめぐりをよくするといわれるスイゼンジナ、インフルエンザや胃ガンを抑える働きのある紫ジャガイモ。紫色のミズナやハクサイなどもあります。抗酸化力が高い野菜を上手に取りこんで、元気に長生きをしたいものです。

ヴィオレッタ・ディ・フィレンツェ

ナス科 *Solanum melongena* L.

栽培ごよみ ➡ 121ページ

まるで豚肉のような食感

イタリアのフィレンツェで昔から作られてきた特産品です。できればアクを抜いてから料理してみてください。食感はまるで豚肉のようになります。輪切りにしてザルに入れ、軽く塩を振って重しをして、20分ほどおいて出てきたアクを拭き取ったあと、オリーブオイルでソテーします。トマトソースとチーズをかけてグラタンにしたり、好みでショウガ醤油などで食べます。唐揚げでもおいしい。中華の具やカレーにもあいます。

◉ 肌身につけて芽だし

種子は湿らせた温かい布で包んでビニールに入れ、5〜6日肌身につけます。1番花の着いた主枝とその下の2本の側枝を伸ばす3本仕立てで大きく育てます。1番果を早めに切ると、その後の果実が大きく育ちます。開花後1ヵ月を目安に収穫します。形状の良いものを残し種子を取ります。

◉ フィレンツェナスのステーキ

切り口に少し小麦粉をまぶして、塩、コショウをし、ミートソースとチーズをのせて軽くソテーしたあと、フライパンごとオーブンに入れて焼きます。大きなオーブンがないときには、油をひいたフライパンで両面を焼いてからクッキングペーパーなどで油を切り、具材を載せてオーブントースターで焼いてもよいでしょう。

チーズを載せた
フィレンツェナスの
ステーキ

> **memo**
>
> **あらかじめ塩を振って水分を抜く**
>
> アントシアニン系のナスニンを含むため、コレステロールを低下させる作用があるといわれます。ナスにあまり油を吸わせない工夫もあります。下ごしらえで塩を振ってアクと水分を抜くと、その結果、油も吸いにくくなります。

紫アーティチョーク

キク科 *Cynara scolymus* L.

  茹でる　焼く　揚げる　煮る

栽培ごよみ ➡︎121ページ

水やワインがおいしくなる

　紫のアーティチョークは、イタリアのトスカーナ州やサルディーニャ州の名産です。イタリアではカルチョーフォと呼びます。ソラマメとタケノコを足したような旨味があります。脂質異常症や動脈硬化予防に良く、昔からほれ薬ともいわれていたようです。尖った先端と外側の硬いガク（総苞）と綿毛のようなおしべとめしべを取りさり、花床部を食べます。シナリンという成分が舌を刺激して、水やワイン、飲み物がおいしく感じられます。

◉株間は広めに、毎年収穫

　一度植えると6〜10年収穫できます。普通は主茎のまわりにできる吸枝で更新しますが、イタリアでは地際の上下15cmを新苗にして、深さ20cmに2本植えで更新しているようです。アブラムシが多く発生しますが、天敵のテントウムシが食べてくれます。念のため植付場所は一般作物から離すか、山に植えっぱなしが良いでしょう。

◉蒸し煮で醤油マヨネーズ

　下ごしらえしたつぼみを逆さに鍋に並べて茎を隙間に詰め、水、塩、酢、サラダ油を少々入れ、クッキングペーパーで落としぶたをして30分ほど蒸し煮にします。汁もソースにします。そのまま食べてもおいしいですが、醤油マヨネーズもおすすめです。魚焼き器でこんがり焼いてホクホクを食べるのも良いです。

アーティチョークの草姿

> **memo**
>
> **イスラームとともに**
>
> イスラームとともに北アフリカ、スペインを経てイタリアへ、それからフランスに伝わりました。アラビア語のアル・カルチョフが語源です。イタリア移民とともにアメリカにも渡り、西海岸でさかんに生産されました。

スイゼンジナ

キク科 *Gynura bicolor*

生	茹でる	焼く	揚げる	煮る

栽培ごよみ ➜ 121ページ

古来から不老長寿と女性の味方

　別名はキンジソウ（金時草）といわれます。春菊のようなさわやかな香りがあります。目、肌、貧血、産後、神経を落ち着かせるなど女性のための薬用の野菜として昔から大切にされてきました。男性には精がつくといわれ、家族の健康のために自家用に作られてきた野菜です。

　きれいな水を好むので、熊本の水前寺では豊富な湧水を使い、沖縄では井戸のまわりに植えられていたそうです。

⦿ 半日陰、低夜温で紫の発色を良く

　半日陰と温度差で葉裏の紫がきれいに出ます。夏は遮光すると葉が軟らかく、香りもマイルドになります。挿し芽で増やします。2芽以上ついた茎を挿し床かポットに挿して苗を仕立てます。地上部は1回の霜で枯れるので、土とワラで保温するか、鉢上げして屋内で越冬させます。

⦿ 独特のぬめり、ワカメのような食感

　生の葉をサラダで食べるには、コクのあるゴマドレッシングやマヨネーズ、粉チーズなどをかけて。おひたしや天ぷらもおいしい。沖縄では豆腐とあわせて味噌汁の具にもしています。中国では、油を熱した鍋でニンニクのみじん切りと一緒にサッと炒め、塩と紹興酒で香りをつけて食べます。

スイゼンジナのおひたし

memo

金時草、ハンダマ、紅鳳菜

熊本では水前寺で作られていたので水前寺菜、金沢では赤いのでキンジソウ、キントキソウ、沖縄ではハンダマ、中国では紅鳳菜（ホォンフォンツァイ）と呼びます。ポリフェノールの一種であるアントシアニンとカロテンが豊富に含まれています。

紫ケール

アブラナ科 *Brassica oleracea* L. var. *acephala* DC.

栽培ごよみ ➡121ページ

健康志向のアメリカ人も注目

アメリカではスーパーグリーンフードといわれ、ふだんからサラダで食べられています。ビタミンAはニンジンの5倍、カルシウムは牛乳の2倍もあります。軽くゆがいて、ゴマあえ、ナムルにもあいます。フリルのきれいな紫色のものがサラダで好まれています。ゆでると紫色のアントシアニンが抜けるので、さっと湯通しする程度にして、サラダやあえ物に使います。きれいな紫色は薄まりますが、煮くずれないのでスープや鍋物でも楽しめます。

◉葉は小さめがサラダむき

キャベツよりも土壌に石灰を多く必要とします。有機質主体で育てたほうが苦味が少なく風味が良い。昔のキャベツのように、どこか硫黄の香りがします。葉の長さが30cm未満のものは、軟らかいのでサラダ用。30cmを超えた硬い葉は、旨味が強いので煮込み用やジュースで使います。

◉紫ケールのゴマあえ

軽く湯通しして冷水にとって絞り、醤油と砂糖で味をつけ、すりゴマであえます。味がしっかりした野菜なので、ゴマのほかに、ヒマワリやカボチャの種を使ったり、小さく切ったリンゴなどの果物とあわせてあえてもおいしい。

紫ケールのゴマあえ

> **memo**
>
> **ハボタンとしても親しまれる**
>
> ケールの葉は縮れていたり、広がったり、いろいろな色があります。日本では近縁種のハボタンを観葉植物として楽しんできました。

紫カリフラワー

アブラナ科 Brassica oleracea L. var. Botrytis Group

栽培ごよみ ➡121ページ

ゆでると青、レモンや酢でピンク色

そのままゆでると紫が抜けて緑になる品種とそうでない品種があります。紫が残る品種は、レモンか酢をたらしてゆでると赤みが抜けずに赤紫になります。また、ゆでて青くなったものも、甘酢やマヨネーズとあえたりピクルスにすると、酢が効いて目がさめるようなとてもきれいなピンク色に変わります。試してみてください。

◉日光で発色

根が湛水には弱いので高ウネで水はけ良く育てます。播種後1ヵ月で定植、その後100日で収穫です。花蕾に光をあてて発色させます。

memo　イタリアの伝統品種や国産品種

イタリアの伝統品種では「シチリアン・バイオレット」が有名です。国産では武蔵野種苗園の「パープルフラワー」、タキイ種苗の「バイオレットクイン」、日光種苗の「パープルボンバー」があります。

紅しぐれ大根

アブラナ科 Raphanus sativus L.

栽培ごよみ ➡121ページ

甘酢漬けが最高。紅色を楽しむ

紫色がとてもきれいなダイコンで、紅色のアントシアニンには抗酸化作用があります。年末からお正月の酢の物（p.19）に使うと、鮮やかな赤色がおめでたく、健康にも良いので喜ばれます。辛味が少ないので、おろしやサラダでも楽しめます。紅色が抜けるので汁物にはむきません。

◉スが入りにくいので畑における

スが入りにくいので畑で長期間植えたままでおけます。棚もちも良いので年末を狙えます。関東では播種後60日で収穫、9月上旬以降まきで11月上旬以降収穫です。

memo　産学連携が生んだ

（株）トーホクと東洋大学生命科学部（板倉キャンパス）の下村講一郎先生が共同で育成した品種です。

紫ミズナ

アブラナ科 *Brassica rapa* L. var. *laciniifolia* Kitam.

栽培ごよみ ➡121ページ

シャキシャキで色鮮やかな京野菜

　軟らかくシャキシャキの食感なので、サラダがおすすめ。少し小さめで収穫するので、歯ざわりも良い。紫ミズナのアントシアニンは抜けにくいので、しゃぶしゃぶするぐらいだと紫色が残ります。

● 寒くなると色が冴える

　サラダ用には条間15cmで草丈は10〜20cmで。条間20cmでは草丈30〜40cmで収穫します。気温が低く乾燥状態で赤の発色が良くなります。

memo　京都発 世界のミズナ

ミズナは京都の伝統野菜で、茎が赤いものは赤ミズナ、葉が赤いものは紫ミズナとして知られていました。タキイの「紅法師」は、通常のミズナの10倍以上のアントシアニン含量があり、安定した発色と高機能性で生産が広がっています。

コウサイタイ

アブラナ科 *Brassica rapa* var. *purpurea*

栽培ごよみ ➡121ページ

春を呼ぶ中国野菜

　紅菜苔はアブラナ科の中国野菜で、菜の花よりもアクが少なく甘味があります。揚子江の流域で広く栽培されてきました。多めの油で強火で一気に炒めます。味付けは塩だけで。豚肉とオイスターソースを加えてもおいしい。炒めすぎると紫色が飛ぶので、太い茎から先にサッと炒めるのがコツです。

● 黄色い花が1〜2輪咲いたら収穫適期

　紫色は寒さで発色します。秋まきだと冬からトウ立ちをはじめ、2月から収穫できます。根元から手で折って収穫します。栽培は容易です。

memo　肉料理の付けあわせに

紅菜花（べになばな）、紫菜苔（しさいたい）とも呼ばれます。長いまま、塩と少量の油を入れてさっとゆがくとぬめりが出ます。中華料理では豚の角煮などの肉料理をぐるりと囲んだりして使われます。カロテン、ビタミンK、ビタミンCを豊富に含みます。

あやめ雪カブ

アブラナ科 *Brassica rapa* L. Rapifera Group

栽培ごよみ ➡121ページ

ツートンカラーでサラダむけ

ひとつの野菜に2色あるのがぜいたくです。紫と白のコントラストがきれいな甘味のあるカブ。軟らかく、シャキシャキして生で食べるサラダむき。甘酢漬けや浅漬けもおいしい。熱を加えすぎると紫色が黒っぽくなってしまいます。根はビタミンC、葉はミネラルやビタミンを豊富に含むので、ぜひ一緒に食べたいものです。

◉日光にあたる部分が紫に

直径5cmぐらいが理想ですが、小玉でも形が良く、大玉になってもスが入りにくいので扱いやすいカブです。日にあたった肩の部分が紫になります。

> **memo 赤系のカブ**
> サカタの「あやめ雪」のほかに、「パープルトップホワイトグローブ」という古くからの品種もあります。赤カブとして、穴馬（あなま）、矢島、日野菜、木曽紅、津田、長崎赤などもあります。

シャドークイーン

ナス科 *Solanum tuberosum* L.

栽培ごよみ ➡121ページ

紫のポテトチップスがおいしい

千切りして塩コショウで炒めたり、皮をむいて電子レンジで加熱しポテトサラダで。いも餅やポタージュにしてもきれいです。皮ごと蒸すのもおいしい。2006年に北海道農業試験場が登録した新しいジャガイモです。この紫色の果肉には、他の紫ジャガイモに比べて、ベタニンを主とするアントシアニンを2倍ほども含んでいます。

◉生育はゆっくり

茎も黒紫で、イモの外見は黒っぽい濃紫色をしていますが、内部は鮮やかな濃紫色をしています。収穫まで期間がかかるので、途中で追肥をします。

> **memo 原産地にはいろんな色が残っている**
> 南米ペルーなどの高地では、ジャガイモはトウモロコシと並ぶ基本作物で、ともに赤や紫の色鮮やかな品種が残っています。

ゼブラナス

ナス科 *Solanum melongena* L.

栽培ごよみ ➡121ページ

加熱すると甘味が出る

　加熱調理用の品種です。輪切りにしてステーキにしたり、素揚げします。味がしっかりしているのでおいしい。調理前に切り口に軽く塩をしてしばらく置いてアクを抜くと苦味がとれ、調理油を吸いにくくなります。加熱すると残りの苦味も消えて甘味が出てきます。

● ナスを長くとるコツ

　第1花房の花は摘み、第2花房の実も小さいうちに摘むと株に力がつくので、以降長く収穫できます。わき芽も下の2、3本を残してかきとります。

memo　小さなフェアリーテイルもおすすめ

イタリアの伝統品種で、「ラルガ・モラダ Larga Morada」とも呼ばれます。小さくてゼブラ柄の「フェアリーテイル」という品種もあります。アントシアニン系のナスニンを含むため、抗酸化作用があり、またコレステロールの吸収を抑えます。

紫コマツナ

アブラナ科 *Brassica rapa* L. Perviridis Group

栽培ごよみ ➡121ページ

生でおいしい、華やかなコマツナ

　寒さにあたるときれいな紫に。軟らかい葉をつまんで生のままサラダで。コマツナはエグみやスジが少ないのでおいしい。おひたし、浅漬けでも色がはえます。オリーブオイルとニンニク、トウガラシで蒸し焼きにしても色を楽しめます。

● 寒さにあててきれいな紫に

　暑さや寒さに強いのでほぼ周年で作れますが、紫がきれいなのはやはり冬。品種はF1の「むらさき祭」（渡辺農事）があります。

memo　栄養豊富な江戸の野菜

江戸近郊の小松川で作られていたことからコマツナ（小松菜）と名前がつきました。晩秋まきをコマツナや冬菜、春まきを、うぐいすなとも呼んでいました。カルシウム、ミネラルが豊富です。

紫芽キャベツ

アブラナ科 *Brassica oleracea* L. Gemmifera Group

栽培ごよみ➡121ページ

温野菜で紫色を楽しむ

ゆでても色が残りやすいので、温野菜やスープで楽しめます。蒸すか炒めるときれいに色が残ります。酢を入れると鮮やかな紅色になります。「プチヴェール」や芽キャベツとあわせるとかわいい。半分に切って焼いたり、丸ごと天ぷらでも。

◉夏前の播種で大苗に

晩生なので、播種は早めに6月から7月に。本葉5枚で鉢上げし、かん水を控えて大苗に仕立てます。緩効性の肥料を2週間に一度追肥し、収穫は寒くなって色が出てから開始します。

memo　クリスマス料理を飾る

「レッドブル」と呼ばれる品種が代表で、蒸してクリスマス料理のお皿を飾ります。

紫パプリカ

ナス科 *Capsicum annuum* L.

栽培ごよみ➡121ページ

サラダで鮮やかな紫色をいかす

紫色をいかすには、アメリカ南部風のサラダもおすすめ。赤や黄色のパプリカといっしょにごく薄くスライスして、水にさらしたタマネギと混ぜあわせます。砂糖、酢、油、塩、コショウのドレッシングに、おろしニンニクとタバスコを加えるのがアメリカ南部風です。冷やして食べます。

◉温度と水分を安定させる

未熟では果皮は紫ですが、完熟すると黄色や赤になります。コツは温度と水分を安定させること。未熟なうちは特に直射日光に弱いので遮光も必要です。

memo　加熱すると緑色

「サラダピーマン」(タカヤマ)、「パープルスターペッパー」、「テキーラ」などの品種があります。加熱すると紫色から青色に変わり、最後に緑色になります。

もって菊

キク科 *Dendranthema* x *grandiflorum* (Ramat.) Kitam.

栽培ごよみ ➡122ページ

不老長寿の甘い香り

渋みが少なく、よく香り、ほのかに甘い食用菊です。花びらをはずし、酢をたらして軽くゆで、水でしっかり冷やして絞ります。酢の物、おひたし、お粥など。生でサラダに散らしても。不老長寿の願いを込めて『延命楽』とも呼ばれます。肌のコラーゲンを守るなどの抗糖化作用、動脈硬化予防、脂肪燃焼効果があります。

◉挿し芽でふやす

新芽が30cm以上伸びた6月頃に株分けして苗にします。『もって菊』は市場名で、写真は早生の平弁「紅もって」。晩生の管弁は「かきのもと」「もってのほか」が主力。

memo 古くから薬用で利用

奈良時代に中国から渡来したといわれます。9月9日の重陽の節句には花びらを浮かべた菊酒が飲まれていました。アントシアニンに加えてカロテンとビタミンCを含んでいます。

紫二十日大根

アブラナ科 *Raphanus sativus* L. var. *sativus*

栽培ごよみ ➡122ページ

薄切りでサラダに 焼いても

薄くスライスしてパンに載せたりサラダで使うときいいです。焼くとじわっと甘味が出るので、付けあわせにも使えます。二十日大根のうちではもっとも日持ちが良いので、収穫後も長く歯ざわりを楽しめます。

◉早めに収穫

遅くても本葉6枚、直径2cmまでに収穫します。下葉を切って、葉柄の切り口に小さな空洞ができはじめるのが根にスが入る合図なので、すぐに収穫します。

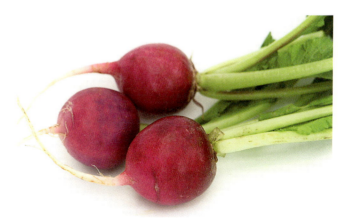

memo 春の料理のアクセント

海外ではパープルプラムと呼ばれ、イースター料理にも使われるようです。国内では「すみれちゃん」（大和農園）、「こむらさき」（藤田種子）などがあります。通常のダイコンの成分に加えて、アントシアニンの効果が期待されます。

紫ササゲ

マメ科 *Vigna unguiculata*

栽培ごよみ ➡122ページ

スジなしで軟らかい

　ゆでたり炒めると濃い紫色になります。さっとゆでて塩や醤油の軽い味付けがおすすめ。スジがなくて軟らかいので、切ってサラダでも使えます。天ぷらにしてもおいしい。

● 高温で発芽

　アルカリ性土壌を好むので苦土石灰を入れます。発芽温度はマメの中でも高めの25℃。ツル性なので支柱が必要です。

memo　沖縄の伝統野菜

沖縄では『ホウロウマメ』と呼ばれ、ラードで炒めます。ササゲはアフリカ原産で、インドを経て中国から奈良時代に伝わったようです。

パープルスティック

セリ科 *Daucus carota* L.var. *sativa* DC.

栽培ごよみ ➡122ページ

とにかく甘い！ 生食に最高

　外が紫、中がオレンジのニンジン。大変甘く、クセがないので子どももサラダで食べられます。アントシアニンを豊富に含み、オレンジ色のものに比べて6倍多く抗酸化物質を含みます。胃腸病、炎症緩和、心臓病予防、免疫強化、細胞老化の予防、血糖値安定、眼や皮膚の健康に良いとされます。

● 夏まき冬どりが基本

　ニンジンは発芽しにくいので、播種したら芽が出るまではけっして乾かさないようにします。播種後約120日で収穫できます。抽苔の恐れが少なく、発色が良く甘い。夏まきで冬どりが基本です。

memo　スペインのニンジン祭り

スペインのアンダルシア地方には、「モーラ」と呼ばれる伝統品種があり、中心部にさらに紫が入っています。700年前にアラブ人が北アフリカから持ってきたといわれ、12月のはじめにニンジン祭りが開かれます。

紫カラシナ

アブラナ科 *Brassica juncea* (L.) Czern. Cernua Group

栽培ごよみ ➡122ページ

■ アントシアニンがミズナの10倍

　旨味と辛味のバランスが良く、サラダで使いやすい。目や肝臓に良いといわれるアントシアニンをミズナの10倍以上含みます。大株は油炒めでもおいしい。アントシアニンは水溶性なので、ゆでるときは紫が抜けないようにサッと。

◉ 色の出にくい高温期は避ける

　葉数はあまり増えないので、葉を摘みながらの長い収穫にはむきません。春まきは抽苔しやすいので、辛味の強いベビーリーフとして早めに収穫します。高温期は紫が出にくいので栽培は避けます。

memo　まるで紫色のサンゴ

写真は「コーラルリーフ プルーム」(タキイ)。「コーラルリーフ フェザー」(タキイ)、「アカリアス (赤リアス)」(渡辺採種) があります。ちりめん葉からし菜など紫色をしたカラシナは江戸時代からあったようです。

トスカーナバイオレット

ナス科 *Solanum lycopersicum* L.

栽培ごよみ ➡122ページ

■ アントシアニンを持ったチェリートマト

　紫色の生食用チェリートマト。皮が薄く食べやすい。甘味も酸味も強いので人気です。リコペンとあわせてアントシアニン色素も持っているためか、どこかブドウを思わせる風味です。

◉ 肥料はごく控えめに

　草勢が強いので、元肥も追肥もごく控えめに。中段以上はわき芽をとらず草勢を落ち着かせれば裂果しにくいです。

memo　病気に強い品種の作成もすすむ

海外にはほかにも黒系のチェリートマトはありますが、最近は「トスカーナバイオレット」のように葉かび病抵抗性などを持った丈夫で作りやすい日本向けの品種が育成されてきています。

紫とうがらし

ナス科 *Capsicum annuum* L.

栽培ごよみ ➡122ページ

辛味なく、濃厚な味わい

100年以上前から奈良に伝わる野菜で、辛味がなく、肉厚です。ナスのような濃厚な味がクセになります。奈良では焼いたり油炒めで食べます。味噌をつけて生のままパリパリ食べてもおいしい。軽く素揚げしてすぐに冷水につけると色が残ります。ジャコと炒めるとお酒のつまみに最高です。

完熟すると赤く、甘くなる

非常に多収で、完熟させると赤く、ほのかに甘くなります。赤色は加熱で色抜けしません。直射日光が長くあたると色が悪くなるので、実はなるべく葉で隠すようにしてあげます。

memo　農家が佃煮用に残した伝統野菜

平成19年に『大和野菜』として認証されるまでは、奈良市米谷（まいたに）町で自家用に佃煮などで食べられてきました。花もナスのようにきれいな紫です。

紫バジル

シソ科 *Ocimum basilicum* L.

栽培ごよみ ➡122ページ

香り高く爽やかな後味

トルコではレイハンと呼び、香り水（シェルバット、p.9）で楽しみます。沸騰して火を止めたお湯に、砂糖、レモン、紫バジルを入れ、漉して冷やします。美しいラズベリー色のトルコ風の飲み物です。ベビーリーフでサラダやピザのトッピングに。ドレッシングやマヨネーズとあわせるときれいなピンクになります。

日当たり良く乾燥気味で

「ダーク・オパール」や「バイオレット・アロマティコ」、甘いミントに似た「レッドルビン」などの品種があります。日あたり良く、乾燥気味だと香りが強まります。

memo　どこかシソを思わせる

緑色のスイートバジルと違って、どこかシソを思わせる香りがします。香り成分はゾナロールやオイゲノールで、骨を丈夫にしたり、鎮静、食欲増進、強壮、抗菌作用もあるといわれます。

紫エンドウ

マメ科 *Pisum sativum* L.

栽培ごよみ ➡122ページ

赤い豆ご飯はいかが

豆をご飯といっしょに炊くと、炊きたては緑です。ところが、とても不思議なことに、一晩おくと、豆もご飯も赤飯のように変わります。豆もホクホクしておいしい。紫色のサヤは硬いので、サヤエンドウとしてではなく、実エンドウとして食べます。

◉笹竹の支柱栽培で

ツルがあり、つかまる支柱があれば風に強いので、笹竹などの霜よけ兼用の簡単な支柱で栽培できます。

memo　ツタンカーメンのエンドウ

エジプトのツタンカーメン王のお墓から出土したといわれます。鹿児島県の甑島（こしきじま）にも「雷エンドウ」と呼ばれる紫サヤの在来種があります。ほかに、海外にはサラダで若い紫サヤが食べられる「ロイヤルスノー」という品種もあります。

紫ハクサイ

アブラナ科 *Brarssica rapa* L. Pekinensis Group

栽培ごよみ ➡122ページ

サラダや浅漬けで色を楽しむ冬野菜

外葉の緑色と内側の紫、芯の黄色がとても美しいハクサイです。きざんでコールスローにすると色が鮮やかできれいです。豚肉とサッと炒めたり、蒸したり、浅漬けにしてもおいしい。煮ると色が溶け出すので、鍋物に入れると具も汁も紫になります。

◉水切れに注意

根が弱く、苗が老化すると活着しにくいので、できるだけ若苗で定植します。また、葉も薄く乾燥に弱いので、水切れに注意します。

memo　しっかり育てて霜にあてると外葉まで紫に

ナント種苗が「紫奏子（むらさきそうし）」として発表しました。光をじゅうぶんにあてて育てると、大玉になり霜で外葉まで発色します。まれに内葉すら発色しない株も混じるので、胚軸や葉柄が青いものは間引きます。

コラム5

野菜の色と健康②
～ おもな野菜の色素　効果と調理法 ～

色素群	色素成分	色	おもな野菜	注目されているおもな効果	調理法
カロテノイド	リコペン	赤	トマト、トスカーナバイオレット、金時ニンジン	抗酸化作用、動脈硬化予防、肌の老化を防ぐ、がん予防。	油と一緒で吸収率アップ、加熱しても残る。水には溶けない。
	カプサイシン	赤	赤パプリカ	抗酸化作用、動脈硬化予防、善玉コレステロールの増加、がん予防。	
	カロテン	オレンジ	赤パプリカ、ズッキーニ、ニンジン、スイスチャード	抗酸化作用、コレステロールの調整、がん予防（口腔、咽頭、食道、胃がん）。	
	ルテイン	黄	トウモロコシ、スイスチャード、ブロッコリー、食用菊、カボチャ	抗酸化作用、白内障や加齢黄斑変性の予防、動脈硬化予防、肺機能の向上、がん予防。	
クロロフィル	クロロフィル	緑	スイスチャード、パセリ、コマツナ	抗酸化作用、動脈硬化予防、コレステロール調整、消臭・殺菌、がん予防。	加熱や酸に弱い。油に溶ける。加熱後冷水につけると色が残る。
ポリフェノール	アントシアニン	赤～紫	トスカーナバイオレット、ナス、紫イモ、黒ニンジン、紫ハクサイ、トレビス	抗酸化作用、加齢による視力低下、高血圧予防、肝機能の保護。	加熱や酸に弱い。油に溶ける。加熱後冷水につけると色が残る。
	クロロゲン酸	黒	ジャガイモ、ナス、ゴボウ	抗酸化作用、血圧調整、血糖調整、ダイエット、がん予防。	加熱に弱い。水に溶け出す。
イソチオシアネート	イソチオシアネート	白	キャベツ、ダイコン、ワサビ、ブロッコリー、コールラビ	抗酸化作用、ピロリ菌対策、血液さらさら効果、コレステロールの調整、がん予防。	加熱調理より生食むけ。
	硫化アリル	白	ネギ、タマネギ、ニラ、ニンニク	抗酸化作用、抗菌効果、血液さらさら効果、高血圧予防、がん予防（胃、大腸がん）。	加熱調理より生食むけ。水に溶ける。

黒い野菜

甘くて健康によいものが多い黒い野菜たち。煮るとあま〜い黒ダイコン。ミカン並みの糖度をもち、濃いアントシアニンをもつ黒ニンジン。ゴツゴツした葉の姿から恐竜ケールとも呼ばれる黒キャベツは非常に高い抗酸化力を持っています。おいしさと栄養がギュッとつまった黒い野菜。こんど料理に使ってみませんか？

黒ダイコン

アブラナ科 *Raphanus sativus* var. *niger* PERS.

生 / 茹でる / 焼く / 揚げる / 煮る

栽培ごよみ ➡ 122ページ

ピラミッドの建設を支えた強壮野菜

　黒ダイコンの歴史は古く、古代エジプトのピラミッド建設ではタマネギ、ニンニクとあわせて食べられていました。辛味が強いので、生でごく薄くスライスすればビールのつまみに最高です。黒いのは表皮だけで、中身は白色です。水分は少なく、普通のダイコンよりもデンプンが多くしっかりした肉質です。加熱すると辛味が薄れて甘くホクホクします。サイコロに切って煮込んでも煮くずれません。サラダや大根おろしは辛いので気をつけて。

◉pHをあげて、高ウネで

　大きくならず形も揃わなくなるので、連作は2作まで。過湿を嫌うので、40cmの高ウネで。黒の発色は通気に左右されるようなので、砂地にあいます。日本のダイコンと違って、アルカリ性土壌（pHは最低6.5以上）でつくります。

◉ホクホク甘い

　海外では肉や魚料理の付けあわせ用に黒丸ダイコンも好まれます。日本では白いダイコンとの違いが際立つのは黒長ダイコン、輪切りでも便利です。輪切りにしてオリーブオイルで焼いたり、オーブントースターで軽く焦げ目をつけたものに塩を振っただけでも、ホクホクしておいしい。ビールにあいます。

黒丸ダイコン

> **memo**
> **色や形を揃えるのはむずかしい**
> 色や形、生育などのそろいが悪く、白いダイコンが出たりします。自家採種で品種を固定していくのもおもしろいでしょう。消化酵素や、辛味の元となるイソチオシアネートとグルコシノレート、ビタミンCが多く含まれます。

黒キャベツ

アブラナ科 *Brassica oleracea* L. Acephala Group

栽培ごよみ ➡ 122ページ

地上最強の抗酸化力を持つ

　カーボロネロと呼ばれ、北イタリアでは大昔から食べられてきましたが、今やニューヨークでは、地上最強の抗酸化力を持つ野菜として大変な人気です。ゴツゴツした見た目で、恐竜ケール（ダイナソーケール）とも呼ばれます。鉄分も多く貧血予防に良いといわれます。長い葉の真ん中にある中央脈は切り取って捨て、軟らかいところだけを使います。ロールキャベツなどの煮込み料理に。素揚げやトースト、天ぷらで塩だけで食べるのもおすすめ。

● 寒さにあたると、より黒く、より甘くなる

　7月まきは20cmの若葉、9月まきは冬春どり、大きな葉で煮込み用に。11月過ぎ、寒さにあたると凸凹が大きくなり、色濃く甘くなります。株間は広くして本葉6枚で植え付けます。耐寒性があり、葉をかきながら春まで収穫できます。

● イタリアトスカーナ州の伝統料理

　ニンニクとオリーブオイルで、タマネギ、セルリ、ニンジンを中火でゆっくり炒めてから水を加え、煮立ったらゆでた白インゲンマメと黒キャベツを入れ、塩で味をみて、さらに煮込みます。一晩たってから、温めなおし（リッボリータ）します。パンを敷いたお皿に注ぎ、オリーブオイルと粉チーズをかけます。たくさん作って毎日温めなおして食べます。

イタリアのスープ『リッボリータ』に黒キャベツは必須

> **memo**
>
> **収穫後は涼しいところに**
>
> 収穫した葉は暖かいところに置くとすぐ黄色くなるので、寒いところに置きます。一度煮込むと黒色は長く残ります。ミネラル（とくにカリウムとカルシウム）とカロテン、ビタミンE、K、Cと食物繊維を豊富に含みます。キャベツの原始型のケールの仲間です。

黒ニンジン

セリ科 *Daucus carota* L. ssp. *sativus* Arcang.

栽培ごよみ ➡122ページ

ハロウィンの『魔女のスープ』

インゲンの黒ニンジンマヨネーズあえ

紫外線から身を守る天然色素

　ニンジンのふるさとは中央アジアのヒマラヤ山脈。高山の強い紫外線から身を守るため、ニンジンの根っこはもともと黒や紫でした。強い抗酸化力を持ち、甘味があります。ミカンなみに甘く、ニンジンくささがありません。千切りしてそのままか、または塩を振ってしんなりさせてドレッシングをかけて食べます。加熱すると、紫色の汁が出るので、煮物は紫色に。炒めると一緒に入れた具は真っ黒になります。

◉元肥は少なく、夏まきで育てる

　春まきすると小さいうちに低温に感応してトウ立ちし、花が咲いてしまいます。そのため夏まきし、晩秋から収穫します。元肥は少なく、播種して発芽するまではけっして水を切らさないように。いつも葉が触れ合うようにだんだん間引きします。後半はじょじょに乾き気味に育てたいので、高ウネにしておきます。

◉ハロウィンの魔女のスープ

　ポタージュにすると、きれいな紫色になります。タマネギ、ジャガイモといっしょに炒め、ミキサーにかけ、牛乳でうすめて塩で味をととのえます。このハロウィンの『魔女のスープ』には、オレンジのニンジンで作ったカボチャを浮かべても楽しいです。

　すりおろしてマヨネーズに入れると、酢のはたらきできれいなピンク色になります。まるでツナのような舌ざわりになっておいしい。

> **memo**
> **氷河生まれの三つ子の魂**
> ニンジンは小さいころは水を好み、大きくなると今度は乾燥を好みます。また、根は石にからみます。これらは、氷河の岩場に育っていたころからの性格かもしれません。

黒パプリカ

ナス科 *Capsicum annuum* L.

生　茹でる　焼く　揚げる　煮る

栽培ごよみ ➡122ページ

印象に残る黒

　黒い色は抗酸化力が強いアントシアニンです。パリッとした食感で、中は緑色。トウガラシやシシトウのさわやかな香りがします。加熱すると黒が抜けて濃い緑色に。鮮やかな赤パプリカにあわせると、目立ちます。引き立て役にもなるので、料理などに使うと対照的な赤の印象をしっかり残せます。天ぷらだと黒が残りやすい。

⦿ 小さいうちから黒い

　ベル型パプリカは根が弱いので、土壌が過湿にならないよう注意します。小さいうちから黒く、若採りなので株に負担をかけません。完熟すると中から赤くなります。

memo　完熟で黒が抜けるものも

早生で作りやすく、完熟すると赤くなる「浜クロピー」(日東農産)、完熟すると濃い紫に見える細長い「ブラックナイト」(ナチュラルハーベスト) などがあります。

米(べい)ナス

ナス科 *Solanum melongena* L.

生 茹でる 焼く 揚げる 煮る

栽培ごよみ ➡122ページ

あずきやブルーベリーと同じ色素

　大きくても種が少なく、肉質が緻密で硬いのが特徴です。揚げても、焼いても、炒めても、食べ応えがあります。特にカポナータやトマト煮でも煮くずれず、味がよくしみ込みます。米ナスは、アントシアニンでもナスのナスニンと違って、黒大豆やブルーベリーと同じクリサンテミンを持っています。色が濃く、体に良い色素です。

⦿ 肥料は少なめで

　根が浅いにもかかわらず草勢は強いので、元肥は少なめに。わき芽を整理して葉が込みすぎないようにします。花がらはこまめに摘みます。

memo　米国のナスのスープ

アメリカの「ブラックビューティ」を日本で改良したので米ナスといいます。米ナス、セロリ、タマネギ、ニンニクを炒めて、鶏がらスープと一緒にミキサーにかけ、牛乳、生クリーム、カレー粉で味をととのえた、アメリカ南部の家庭料理はおすすめ。

コラム⑥
土地と人が守り育てた野菜

　彩り野菜の名前には地名が名前になっているものがあります。その土地の気象条件や土質によって品質等の特徴が出る野菜で、味や料理方法がその土地の好みにあっていることなどから、地名がついていることが多いのです。

　日本の伝統品種の多くには地名がついているように、この本に登場するイタリア野菜にも地名がついているものがあります。

　これらの野菜は、『固定種』といって、自然受粉によって採種されています。

　アメリカでは、ヨーロッパから移住した際に持ち込んだ野菜で、当時の農法で有機的に栽培されてきた種子を『エアルーム種子』と呼んでいます。日本の伝統野菜とほぼ同じです。土地と結びついた生産物の保護やネットワークを通じて種子が守られています。

ヴィオレッタ・ディ・フィレンツェ
フィレンツェの紫色という意味です（p.74）。

カステルフランコ・ヴェネト
フィレンツェ
ローマ
サン・マルツァーノ・スル・サルノ

カステルフランコ
カステルフランコという城（土地）の名前がついています（p.96）。

ロマネスコ
（ブロッコロ・ディ・ロマネスコ）
ローマのブロッコリーという意味です（p.60）。

サンマルツァーノトマト
ヴェスビィオ山麓のサレルノ県サンマルツァーノ生まれです（p.17）。

DOP（原産地呼称保護）
〈欧州連合EU〉

IGP（地理的表示保護）

SSE（種苗保存交換組織）
〈アメリカ〉

地理的表示保護制度
〈日本〉

白い野菜

お日様の光をあびた、とれたての野菜はほんとうにきれいです。中でも白い野菜はまるで宝石のよう。白パプリカや白トウモロコシは真珠のような輝き、白ナスは白磁のような美しさ。食べると甘くて香りよく、苦味も少ないのでサラダにピッタリ。ぜひ畑でとれたての野菜を味わってみてください。

カステルフランコ

キク科 *Cichorium intibus* L.

栽培ごよみ ➡122ページ

まるで大輪のバラ 野菜の女王

　バラの花が咲いたように豪華な、北イタリアのカステルフランコ（フランコ城）という町の特産野菜です。チコリの仲間で、直径30cm以上。しっかりした歯ざわりがあります。少し苦味がある大人の味で、ちぎってサラダで食べます。生ハムをのせ、オリーブオイルをかけたり、サンドイッチやハンバーガーのレタスのかわりにしても色がはえます。そのまま食卓に出して、皆でちぎりながらにぎやかに食べるのも楽しそうですね。

◉色良くしあげて苦味を消すには畑で軟白

　ハクサイの霜よけのように、秋に藁などで外葉を結束して畑で1ヵ月ほど内葉を軟白します。根ごと掘り上げ、新聞紙にくるんで納屋に置いても良いでしょう。軟白することで白と赤い斑の発色が良くなり、苦味がなくなります。収穫後は、中心にやさしく水をあてながら静かに広げます。するとバラの花のように豪華に開きます。品種の固定はまだ弱く、ピンクなどさまざま色あいのものも出ます。

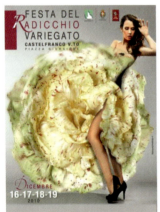

カステルフランコ祭のポスター
©Associazione Pro Loco Castelfranco Veneto

◉北イタリアのカステルフランコ祭

　毎年12月中旬の4日間、イタリア、ヴェネト州のカステルフランコでこの野菜のお祭りが盛大にひらかれます。豪華な料理、新しいメニューの試食、ワインの試飲、品評会、ダンス、詩の朗読などを楽しみます。このポスターは、地元の写真家アルベルトさんたちが作りました。『食べる花』カステルフランコをドレスに見たてた素敵なポスターです。

---

memo

農家が選抜し育ててきた野菜

赤ラディッキオとエンダイブの交配から生まれたといわれ、約200年にわたってカステルフランコの農家が選抜し育てあげた野菜です。クリーム色や淡いピンク色の上に、明るい赤紫や赤などのきれいな斑点が出ます。

セルリアック

セリ科 *Apium graveolens* L. var. *rapaceum* Mill. DC

栽培ごよみ ➡122ページ

セルリよりもやさしい味と香り

　根セルリとも呼ばれ、メロンほどの大きさになります。セルリよりも香りがやさしく味にクセがありません。ゆでるとホクホクして、煮込んだスープがおいしい。ペーストにして付けあわせにもできます。千切りのサラダもおすすめです。皮のままだとひと冬保存できますが、切って保存するときは、切り口がすぐに変色するので、切り口にレモン水をつけます。下ごしらえのときもレモン水に浸けておきましょう。

● 石灰が好み、土寄せで

　石灰を好むので、土壌pHは7以上ないと肥大しません。春に直まきし、覆土は浅く、乾かさないように。秋に株元に土寄せして12月に収穫します。葉とひげ根を整理して貯蔵します。セルリよりも作りやすい野菜ですが、現在はまだ生産量が少なく、非常に高価な野菜です。

● 白い野菜の扱い方

　白い野菜をいかすには『白ゆで』の方法があります。小麦粉、塩、レモン汁、コショウ、油を少々入れたお湯でゆでる方法です。香りと歯ごたえを残したサラダには、薄く切ってレモン水に浸け、サッとゆで上げてから冷水で冷まし、千切りにします。厚めに皮をむき、アクで変色するまえに薄いレモン水に浸けるのがコツです。

葉がついた状態のセルリアック。
天空の城ラピュタに似ているかも

> **memo**
>
> **切り口にはレモン水を**
>
> ミネラルとビタミンK、Cと葉酸を含みます。西欧では大変好まれています。割って販売するときには切り口にレモン水を塗って黒く変色しないようにします。一見するとゴツゴツとして見栄えが悪い野菜ですが、どこかアニメの天空の城ラピュタに似ていませんか？

リーキ

ユリ科 *Allium porrum* L.

生　茹でる　焼く　揚げる　煮る

栽培ごよみ ➡ 123ページ

タイムが香るリーキのミルクスープ

煮込んで使う、甘い野菜

ポロネギとも呼ばれますが、日本の長ネギとは別の種類です。生では辛く硬いのに、加熱するとトロリと甘くなります。バター炒めがおすすめです。ネギの香りはなく、輪切りにした年輪模様も違います。葉もネギのように円筒ではなく、くさび型になっています。バラけやすいので、みじん切りにするか、長めに切って使います。西欧では、バラけないように爪楊枝を刺してゆで、食べる前に抜きます。

◉ 土が入らない土寄せの工夫

葉鞘が伸びるのにあわせて、収穫までに3回ほど土寄せして軟化し、白い部分を増やします。葉の付け根に土が入りこまないように注意します。石灰を好むので、土壌pHは7以上に。軽いモミガラでの土寄せや、収穫2ヵ月前から黒ポリシートで茎をはさんで遮光する簡易な軟白も工夫できます。

◉ アイルランドのリーキのスープ

アイルランドやウェールズの定番のスープです。簡単ですが本当においしいです。リーキを1cmの長さに輪切りにしてバターでゆっくり炒め、ジャガイモと水、タイム、塩を加えます。ジャガイモが軟らかくなるまでゆでたら、仕上げに牛乳を加え、弱火で5分ほど煮てコクを出します。水と牛乳は同じ分量です。

---

memo

ポロネギともよばれて

英名でリーキ、フランス名でポワロー、市場ではポロ、ポロネギと呼ばれます。ベルギー産が1本800円～1000円程度です。価格帯が異なるので、ネギとは呼ばないほうが良いでしょう。ミネラル（とくにカリウムと鉄）と葉酸、ビタミンCを豊富に含みます。

フェンネル

セリ科 *Foeniculum vulgae* Mill. var. *dulce* (Mill) Batt.

栽培ごよみ ➡ 123ページ

お腹をやさしく整える、高貴な香り

正式にはフローレンスフェンネルと呼びます。アニスに似た甘い香りで消化に良く、太い茎をタテに薄切りにしてサラダにしたり、くし切りにして軽く塩ゆでして食べます。きざんだ葉は魚の詰めものやイワシのトマトスープに香りづけで使います。香りが良い種もハーブで使います。古代ローマ時代から大切にされ、軍人は健康維持のため、貴婦人はスタイルを保つために食べていたそうです。イタリアではフィノッキオと呼びます。

● 発芽と茎が太る時期は水を充分に

セリ科なので、必要な時期に水が吸収できるように土は深く耕します。夏は涼しいほうが良く、寒冷地では春まき秋どりできます。冬は霜にあたらないようにします。モミガラで軟白すると白く軟らかくなります。香りが穏やかで茎が細いサラダむけの品種「スティッキオ」（トキタ種苗）もあります。

● 高貴な香りをいかして

薄切りにして豚肉と塩だけで炒めたり、砂糖、みりん、醤油を加えてキンピラ風の味でもおいしい。

マリネを作るには、葉を切り、根元を残してタテに12から14分割して薄塩で3分ゆでます。同量の水と酢に2割の砂糖を加えて煮きったマリネ液を注ぎ、オレンジの皮を香りづけに少し入れ、4日後から食べます。

オレンジの皮で香りづけしたフェンネルのマリネ

> **memo**
>
> **胃腸の調子を整える**
>
> フローレンスフェンネルとは別の種類で、薬用ウイキョウ（スィートフェンネル）があります。胃腸薬の代表的な材料で、2m近く大きくなります。香り成分のアネトールは消化を助け、お腹にガスをためません。

白ナス

ナス科 *Solanum melongena* L.

栽培ごよみ ➡ 123ページ

白磁のような輝き、中はトロ～リ

揚げナスは白いまま色が変わりません。中身は硬めの皮に守られて、くずれずトロトロです。炒めると皮は茶色になります。白ナスには、紫色のナスニン色素がありません。そのかわり皮を硬くして、夏の紫外線から身を守っています。中身が水分が多いのも、加熱するとトロトロになるのもこの皮のおかげです。焼きナス、グラタンでも。

◉皮が硬くなる前に早めに収穫

白ナスには、「丸型」（福種）、「長卵」（トキタ）、「中長」（福種、藤田）、「大長」（丸種）、「越後白」（伝統品種）などがあり、品種により収穫時の大きさが異なります。皮が硬くならないように注意します。イタリアの白丸ナスの「クララ」や写真の長卵ナス「揚げてトルコ」（トキタ）は、皮が軟らかです。

◉彩りナスの素揚げ

見た目も華やかな夏のナス料理です。素揚げしたナスにポン酢やめんつゆなどをかけます。そうめんやカレーのトッピングにもおすすめです。揚げるときは、油から出たところの皮は茶色くなりますが、浸かったところは白さを保てます。たっぷりの油で。

白、緑、紫3色の揚げナスのポン酢がけ

> **memo**
>
> **卵のなる樹**
>
> ナスのふるさとはインドです。18世紀にヨーロッパに伝わったナスは白く小さかったので、卵のなる植物（エッグプランツ）と呼ばれたようです。

カリフローレ

アブラナ科 *Brassica oleracea* L. var. Botrytis Group

生 / 茹でる / 焼く / 揚げる / 煮る

栽培ごよみ ➡123ページ

白と緑のコントラスト

　日本生まれのスティックカリフラワー。生でも食べられ、サクサクとした歯ざわり。ゆでて氷でしめると茎がいっそうきれいな緑色になります。つぼみの白とのコントラストがきれいです。茎がアスパラのように甘いので、豚バラを巻いて焼いたり、炒めたり、天ぷらやパスタでも良いですね。

◉外葉を大きく育てる

　秋作にむき、栽培はカリフラワーと同じですが、外葉を大きく育てるのがコツです。早生なので早くから収穫でき、房ごとに分けて袋詰めで出荷します。

memo　有機質で甘味と香りを引き出す

2012年にトキタ種苗が開発した品種で、夏秋まきの早生の60日タイプと80日のタイプがあります。25℃以上の高温や10℃以下の低温、強い霜にはあてないようにします。有機質肥料で育てると甘味と香りが強く出ます。

白ゴーヤ

ウリ科 *Momordica charantia* L.

生 / 茹でる / 焼く / 揚げる / 煮る

栽培ごよみ ➡123ページ

苦味が少ない、サラダやジュースでも

　肉厚で苦味が少ないので、緑のゴーヤが苦手な方でも楽しめます。薄切りにして塩でもみ、さっとゆでてツナとマヨネーズであえても。種子をとって蜂蜜とパイナップルと一緒にジューサーにかけると台湾で人気の飲み物に。

◉苦い白ゴーヤもある

　暑い台湾では、白いゴーヤで夏バテを予防しています。沖縄県でも白長と白中長が作られてきました。宮崎県の伝統品種「白皮ニガゴリ」（佐土原）は、けっこう苦いです。

memo　台湾の白ゴーヤ料理

台湾では白ゴーヤが主流で、湯通しした豚の骨付きばら肉と一緒に煮て、お酒とショウガで味付けした塩味のスープは夏バテ予防におすすめです。コクがある塩漬け卵と一緒に炒めた料理も有名です。

白トウモロコシ

イネ科 *Zea mays* L.var. *saccharata* Sturtev.

生 茹でる 焼く 揚げる 煮る

栽培ごよみ ➡ 123ページ

白くて甘い、真珠の輝き

まるで果物のように甘い。調理は手軽に薄皮を残して軽く塩をふってからラップして電子レンジで約3分加熱。モチッとしておいしい。ひと手間かけて、黄色と白のコーンを半量ずつ、それに焼いた赤パプリカと青ネギをコーン大に切って混ぜ、酢、砂糖、塩コショウで味をととのえると、アメリカ南部風の夏のサラダに。

◉交雑すると黄色い粒がまじる

交雑して他の種が混ざらないように、他の品種とは200m程度離して栽培します。「ピュアホワイト」（雪印種苗）は夏まきで秋収穫できるので交雑しにくい品種です。

> **memo　白くて甘い品種が続々**
>
> 原産地ペルーでは昔から白い品種でトルティーヤ（薄焼き）を作ってきました。最近の品種では「ロイシーコーン」（渡辺農事）、「バニラッシュ」（サカタ）、「ルーシー90」（タキイ）、「ホワイトレディ」（ナント）などがあります。

ヤングコーン

イネ科 *Zea mays* L. var. *saccharata* Sturtev.

生 茹でる 焼く 揚げる 煮る

栽培ごよみ ➡ 123ページ

口いっぱいに広がる初夏の香り

皮をむいて、多めの塩でゆでるか、ホイルの包み焼きがおすすめ。薄皮のまま、魚焼きグリルで焼き、皮ごと食べてもおいしい。生でサラダでも。食べるとトウモロコシの皮をむいたときと同じ初夏の青い匂いが口の中じゅうに広がって、夏が来た！という感じがします。別名でベビーコーンとも呼ばれます。

◉播種後約60日で収穫

普通は、ジャガイモの定植にあわせて1穴2粒で播種し、播種後60日、ヒゲが出たらヤングコーンで収穫します。ずらしまきもできます。出荷はぜひ皮付きで。

> **memo　海外には専用品種も**
>
> 海外の専用品種は、播種後75～85日で1株あたり20本程度収穫します。ヒゲが出て5日後に収穫するか、完熟させてからはポップコーンで使います。国内未発売の伝統品種では中米産の「チレス Chires」などがあります。

ウド

ウコギ科 *Aralia cordata* Thunb.

栽培ごよみ ➡123ページ

香りと風味は別格の山菜

　皮をむき斜めに切って薄い酢水にさらし、真っ白なサラダに。油炒め、すき焼き、天ぷら、フライなどでもおいしい。粕漬けや味噌漬けでも。軟化ウドでは皮はキンピラでも楽しめます。漢方で「和独活(わどっかつ)」と呼ばれる根株のお茶や酒は頭痛、めまい、歯痛に効くといわれます。

◉購入ウドを苗に仕立てる

　購入した軟化ウドを緑化して2節ごとに切り、袴を取ってポリポットに植えこむ、茎挿しという方法もあります。2月下旬に室内で挿し、5月に畑に植えます。

memo　株を作って軟化ウドを毎年楽しむ

晩秋か早春に野生の根株を掘り取り、1株3芽に割って根を20cmつけて植え付け、間引いて強い1本で株を作ります。秋に茎を片付け、翌春コンパネなどで囲ったモミガラで1mほど覆って新芽を軟化させます。新芽にパイプをかぶせる方法も。

ウルイ

キジカクシ科 *Hosta sieboldiana* (Hook.) Engl.

栽培ごよみ ➡123ページ

とろけるようなぬめりと舌ざわり

　アクがなく、生ハムとあわせてサラダで食べてもおいしい。軽くゆがいて酢味噌あえにしたり、そのままお粥に入れてもクセがなくておいしい。7月の薄紫のつぼみもゆがいてサラダや甘酢漬けで。

◉実生で増やせるものも

　オオバギボウシの若葉がウルイで、東アジア、特に日本の東北地方に多い野菜です。岩手産や福島産のウルイは種子をつけ、実生で増やせます。

memo　敷草やかん水は欠かさずに

掘り上げ時期や植付はウドと同じです。日あたりが好きですが、乾燥には弱いので敷草やかん水は欠かさずに。根気良く株を育て、3年目の春に10cmほどモミガラやダンボールで覆い軟白します。その後は株分けを続けて更新します。

白ニンジン

セリ科 *Daucus carota* L. ssp. *satium* Arcang.

栽培ごよみ ➡123ページ

甘くて煮くずれない

ダイコンに似ていますが、れっきとしたニンジンです。身がしっかりしているので、煮しめにしたり、炒め物に。東洋系ニンジンなので香りがやわらかく、加熱すると甘味が強くなります。細切りにして、普通のニンジンと混ぜたサラダもきれいです。

◉ 高ウネで土寄せして作る

白ニンジンは、金時ニンジンのように高ウネで作ります。土寄せして肩の緑化を防ぎます。「ルナーホワイト」という早生品種もあります。

| memo | パースニップもおすすめ |

白ニンジンと似ている冬野菜にパースニップがあります。カレーやシチューなど肉と煮込む、ほろ苦く甘い野菜です。収穫後も傷まずに春まで貯蔵でき、いっそう甘さが増します。

白ミニトマト

ナス科 *Solanum lycopersicum* L.

栽培ごよみ ➡123ページ

プチッとはじける、驚きの甘さ

白色のミニトマト。たいへん甘く、噛むと口の中ではじけます。中も白いので、2つに切ってサラダにのせて。直射日光にあて、熟すと多少黄色くなります。涼しい気候を好む「チェリースノーボール」はほぼ白色の品種です。

◉ 甘く熟すとクリーム色

熟すにつれて甘味も増しますが、クリーム色がかってきます。白いまま収穫する場合には、できるだけ直射日光にあてず、早めに収穫します。

| memo | 自家採種で増やす品種 |

白いトマトのほとんどは、エアルーム種子（p.94）として代々守られた固定種です。「スノーホワイト」、「ホワイトチェリー」など、ヨーロッパからの入植者が北米で守り育てた品種が中心です。自家採種で増殖します。

UFOズッキーニ

ウリ科 *Cucurbita pepo* L. Melopepo Group

栽培ごよみ ➡123ページ

ハンバーグやグラタンと相性が良い

　ふたの部分を切り取って中をくりぬき、炒めたひき肉やグラタンなどを中身と混ぜて戻します。これにチーズをのせてオーブンで焼きます。ラップして電子レンジで軽く加熱すると中をくりぬきやすくなります。底を抜かないように注意しましょう。

● 日持ちもよく作りやすい

　栽培方法はズッキーニと同じです。皮は硬めなので日持ちがします。ほかに黄色や緑色もあります。ズッキーニのふるさとメキシコに古くからあった品種です。

memo　帆立貝？ 魔法のランプ？ カレーパンマン？

この形のズッキーニは帆立貝に似ているのでスカロップとか、魔法のランプに似ているのでアラジンなどとも呼ばれます。カレーパンマンにも似ていますね。

白タマネギ

ユリ科 *Allium cepa*

栽培ごよみ ➡123ページ

大きな真珠 水分たっぷりで甘い

　シャリッとした歯ざわり。辛味が少ないので、オニオンスライスやサラダでもおいしい。水にさらさなくても大丈夫。ホイル焼きは強壮にもおすすめ。まるで真珠のように美しい。オニオンの語源も昔ローマでタマネギのことを大きな真珠（unio）と呼んでいたためといわれます。

● 早掘りで白色をいかす

　9月まきで11月定植、ウネ間20cm、株間15cm、深さ3cmほどで植え付けます。早生種なので、畑の半分の葉が倒れはじめた頃に収穫をはじめます。

memo　白はフランスの香り

明治のはじめ、フランスから来た「パリの白早生（ブラン・アチーブ・ド・パリ）」が「愛知白」として育成されました。同時期にアメリカからやってきた黄タマネギは、「札幌黄」や「泉州黄」として育成されています。

105

白オクラ

アオイ科 *Abelmoschus esculentus* (L.) Moench

生 茹でる 焼く 揚げる 煮る

栽培ごよみ ➡123ページ

軟らかくさっぱりしたサラダオクラ

肉厚で軟らかく、味にクセがなく、毛も少ないので生食にむいています。粘りは強く、ビタミンCは普通のオクラの約2倍もあります。実がゆるやかにカーブするのが特徴です。

●花がらを摘んで白をきれいに

播種は一晩水に浸けてから。肥大や硬化が遅いので収穫は楽ですが、そのぶん花落ちしにくい。実が汚れやすいので、まめに花がらを摘みます。

memo 山口県では戦後早くから栽培

山口県三隅町では、湯野さんという方が戦後外国から持ち帰り、長く栽培され県内に広がったそうです。ほかに「シルバークイーン」、「ホワイトベルベット」、「楊貴妃」などの品種があります。

仙人菊

キク科 *Dendranthema* x *grandiflorum* (Ramat.) Kitam.

生 茹でる 焼く 揚げる 煮る

栽培ごよみ ➡123ページ

白くて甘いまぼろしの食用菊

香りが良く、シャキシャキした歯ごたえで、甘い。おひたし、酢の物、天ぷら、塩漬けで。新潟県柏崎市の西之入地区で昔から栽培されてきた品種です。どこか仙人のヒゲに似ていることからこう呼ばれます。

●繊細な花弁

つぼみは黄色で、開くにつれて外側から白くなっていきます。手を触れても色が変わるほど繊細といわれる花弁は、秋雨や台風で傷みやすく、気を抜けません。

memo 白い食用菊

品種は山形県の「白もって」のほか、新潟県の「高柳1」、豊幸園の「あわゆき」などがあります。

白パプリカ

ナス科 *Capsicum annuum* L.

生 焼く 揚げる

栽培ごよみ ➡123ページ

みずみずしく甘いパプリカ

果肉はみずみずしく、肉厚で甘い。ほのかに果物の香りもするさわやかなパプリカです。皮は薄く、ピーマンの香りもしません。スティック状に切り、カレーの付け合せにすると口の中がさっぱり。天ぷらにしても白がきれいです。サラダもおすすめ。

● 白いうちに収穫

日差しが強いとクリーム色になります。熟しはじめると黄色や赤のまだらが入るので、収穫時期を見きわめます。

memo 加熱しても白

「サラダピーマンホワイト」（タカヤマ）、「ビアンカ」（ベストクロップ）、「浜ニュークリーム」（日東農産）などの品種があり、いずれも加熱しても白が残ります。

スイスチャード

ヒユ科 *Beta vulgaris* L. subsp. *cicla* var. *cicla* (L.) K. Koch

茹でる 焼く 煮る

栽培ごよみ ➡123ページ

一番おいしいのは白い茎

茎と葉を分けて切り、塩を加えた湯に茎、葉の順で入れてしんなりするまでゆがきます。水にさらしてアクを取り、よく絞ります。刻んでマヨネーズで食べるのがおいしい。刻んでカレーに入れたり、ギョウザやロールキャベツの具に加えるのもしっかりした味が楽しめるのでおすすめです。

● 有機質で育てるとビタミンCが多い

堆肥など有機質をたっぷり使って育てたい野菜です。ビタミンC含量が高くなり、総フェノール量も増えて抗酸化作用が強くなるといわれます。

memo 夏場の青物

各地に呼び名があります。フダンソウ、トキシラズ（長野）、キシャナ（長野）、トウヂシャ（京都）、ウマイナ（大阪）、シロナ（兵庫）、アマナ（岡山）、オオバコヂシャ（島根）、エドナ（鹿児島）、ンスナバー（沖縄）などです。

栽培のコツ1　～彩り野菜は石灰を入れて、高ウネで～

ふるさとの土の多くは石灰岩

　昔々、今からざっと1億5000万年ほど前には、まだ太平洋も大西洋もなく、テチス海というひとつの大きな海がありました。この温かな海ではサンゴ礁が育ち、カルシウムやミネラルを含む層はやがて石灰岩になりました。この石灰岩は、今ではヒマラヤやアルプスの山々になったり地中海周辺の陸地になりましたが、彩り野菜の多くはこれらの土地で生まれました。そのため、カルシウムやミネラルを好み、栄養価も高いのです。

　日本は雨が多いので、酸性の雨水でアルカリ性の石灰（カルシウム）や苦土（マグネシウム）が土からはがれて流れてしまいます。オオバコ、スギナ、スベリヒユが生える土壌のpHはおおむね5.0程度の酸性で、彩り野菜の多くはこのような土ではなかなか大きく育ちません。できれば土壌pHは、中性に近いpH6.5以上が必要です。

1億5000万ほど前の地球
太古の海、テチス海が石灰岩を生んだ

海とサンゴのミネラルをいかして

　「苦土石灰」は、石灰岩に海水のマグネシウムが混ざった岩石の粉末で、手に入れやすく便利です。

　「貝化石」は、まだ石灰岩に変わる前の、数千万年前のサンゴや貝などの化石で、有機石灰とも呼ばれます。微量要素を含み、土を固めません。ゆっくり長く効き、入れすぎても障害が出ません。

　カキ殻の塩を抜き、焼いて粉砕した「カキ殻石灰」も、毎年入れるとだんだん効くようになってきます。はじめのうちは、早く効く苦土石灰と混ぜて使います。本書の巻末にある栽培ごよみを参考に、各野菜が好む土壌pHになるように、作付け3週間前までに石灰を入れてください。3週間でpHを1あげるための石灰の量の目安は、「苦土石灰」で100g/㎡（100kg/10a）、ゆっくり効く「貝化石」や「カキ殻石灰」では140g/㎡（140kg/10a）です。散布後、すぐに深さ20cmまで混ぜます。いずれも一作で使う量は300g/㎡を上限にします。

石灰のサンドイッチ

②周りの土を貝化石の上に5～10cmかぶせる

①ウネに貝化石を厚さ3cmに敷く

　自家用の畑ではダイコン、サツマイモ、ジャガイモなどの酸性を好む野菜も作らなければなりませんから、畑全体の土壌pHをあげるわけにはいきません。そこで土の中に「貝化石」をサンドイッチにして、彩り野菜がカルシウムを吸えるようにする工夫もあります。

　ウネにする場所は耕起しないで、厚さ3cmほど貝化石を敷きます。その上に5～10cmほど周りの土を盛ってウネをあげ、じゅうぶんかん水して3週間ほど石灰をなじませます。植付の1週間前に施肥をします。苗を定植し、ウネの上にワラや堆肥を敷きます。このようにすると、野菜がカルシウムを必要とするときに、根をのばして吸収するようになります。もし石灰を入れ忘れても、1回あたり200g/㎡ほど苦土石灰を追肥する方法もあります。

高ウネで水はけ良く

　彩り野菜の多くは、地中海のように冬に雨が降り夏は雨が少ない土地や、ヒマラヤやアンデスのように春に雪解け水が流れる乾いた高地などがふるさとです。

　特に苦手なのは、日本の梅雨です。そこで、少しでもすごしやすいように水はけの良い高ウネで育てましょう。

　ウネの中の水は下に移動する力が強いので、高いウネほど、ウネの頂上は乾きます。また、傾斜地も水はけが良い畑になります。

　ズッキーニ（ウリ科）、カリフラワー（アブラナ科）、スイスチャード（ヒユ科）、タマネギ（ユリ科）などはいずれも水はけを好むので、ウネを高めにします。

　作土は、15cmあれば、たいていの野菜は育ちます。15cmウネをあげると作土は約30cmもできます。

　ビニールで簡単な雨よけをしたり、マルチを敷いて水分を安定させるのも良いでしょう。

マルチ栽培のカステルフランコ

高ウネのアーティチョーク

栽培のコツ ② ～彩り野菜の育苗のコツ～

苗作り、暑さ寒さのしのぎ方

夏は苗を涼しく

コンテナを使った涼しい育苗の工夫

夏の暑い盛りに、タルディーボやエンダイブなどのチコリや秋植え冬野菜を育苗する場合です。

コンテナを2段積んで、パイプを渡し、イネの育苗箱を並べ、その上に育苗トレイをのせます。地面からの輻射熱がなく苗の足元に風が通るので涼しい。地面に打ち水をしたり、白ペンキを塗って光を反射する涼しい育苗トレイを使うとなお良いです。

上に寒冷紗をかけたり、西日のあたらないひさしの下に置いて強い日差しを避けます。

冬は根を温めて

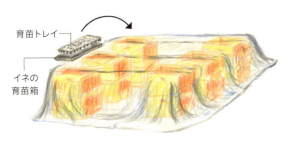

コンテナを使った温かな育苗の工夫

まだ春寒いうちに、ナスやトマトなどの夏野菜の育苗をする場合です。

育苗ハウスの中にコンテナを2段積んでパイプを渡し、全体にビニールをかけます。その上にイネの育苗箱を裏返しに並べ、育苗トレイをのせます。日中ビニールの中が温まるので、夜間も苗の根元がコタツに入っているようです。

電熱線を引いたり、踏み込み温床で育てる方法もありますが、温かくするのは根だけにします。寒さにあてて強くしてあげたほうが、定植後の早春の寒さの中でも元気に育ちます。

科別の栽培のコツ

ナス科は不定根をいかして

　ナス、トマト、トウガラシ、パプリカなどのナス科の野菜は、浅く寝かせて植え付けると、茎からも不定根という根が出てきて、丈夫に育ちます。栽植密度は、収穫がはじまっても隣の株に触れない程度に離して植え付けます。ワラやマルチで浅い根を守ります。
　ナスは有機質肥料をたくさん、トマトは肥料を少なめに。一段目の花が咲いてから畑に植え付けます。
　ジャガイモなど同じナス科同士は病気がうつりやすいので隣り合わせでは植えないように。

セリ科（地中海原産）は密植で水をたっぷり

　コリアンダー、チャイブ、フェンネル、イタリアンパセリなど。葉で支えあうのが好きなので、播種も間引きも隣の株と葉が触れ合っているようにします。元肥は少なく、発芽には日光が必要なので覆土はごく薄くします。発芽するまでと苗のうちは湧き水で水草を育てる気持ちで、土を乾かさないように気をつけます。

アブラナ科（地中海原産）は発芽時に強い光をあてる

　コールラビ、黒キャベツなど。種子の皮が破れた直後に強い日光にあたった方が丈夫に育ちます。種まき直後にたっぷりかん水しておき、種子が膨張して土の表面がぼこっとふくらんだり、かたい土で表面に亀裂が入ったら、表土を壊して光を遮らないようにかん水はひかえます。子葉が緑化するまでは遮光もひかえます。

ウリ科（乾燥地原産）は追肥で

　ゴーヤ、ズッキーニなど。植付は支柱にからませて。葉が込み過ぎないように整枝します。ズッキーニは葉柄を支柱に結べば風に強く、密植できます。
　種子が硬いので、前日から水に浸けて発芽を揃えます。元肥はひかえ、実がなりはじめたら追肥をはじめます。

キク科は南北ウネで

　タルディーボやエンダイブなどのチコリ、シュンギクなどのキク科は、朝日の青い光線が好きなので、西側の株にも朝日があたるように南北方向に並べて育苗します。夏場は夕方にまき、翌日は日陰で涼ませ、芽が動き出す翌々日からは朝日にあてます。ウネもできれば南北に仕立てます。もし東西ウネだと、西側の株の生育が遅れがちになります。

栽培のコツ③ 〜彩り野菜の施肥〜

味を良くする栽培、色を良くする栽培

有機物利用で味を良く

　彩り野菜の個性的な色や香りを引き出すためには、有機物の十分な施用が必要です。

　有機物、特に完熟堆肥や腐葉土を使うと苦味が少なく、色も良くなります。

　肥料は、石灰分も含んでいる発酵鶏ふんもおすすめです。元肥として作付け2週間前に300g/m²程度入れます。

　追肥は、水に溶かした尿素も良いでしょう。ただし尿素は46%と高濃度の肥料なので200倍以上に薄めて。薄めずにそのまま使うときにも20g/m²程度と控えめに。

落ち葉堆肥（腐葉土）のススメ

　広葉樹の落ち葉堆肥（腐葉土）には、野菜の発色を助けるミネラル、カルシウムやマグネシウム、有機酸やアミノ酸などが豊富で、アントシアニン（赤や紫）やカロテン（黄色）などの色素の生成も助けます。また、多様な微生物が病気も防ぎます。石灰散布の前に畑に入れるか、マルチがわりに根元に敷いてゆっくり効かせてください。

水分、寒さ、日光

- 水分　スイゼンジナや紫バジルは高温で色が抜けやすいので、水分を切らさないようにします。
- 寒さ　紫や赤色の野菜は、霜にあたると赤くなります。緑色の葉緑素が減り、低い夜温で葉に糖が貯まり、色素と結びついて発色します。
- 日光　日光によくあてたほうが発色は良くなります。逆に、日光をさえぎる軟白処理で苦味を抜き色を良くする野菜もあります。

有機栽培の冬の黒キャベツはコクがあって甘い

草で霜から守られたフェンネル

栽培期間にあわせた肥料の効かせ方

いずれも植付3週間前までに有機質や苦土石灰を入れ、1週間前に施肥します。

栽培期間が短い野菜

元肥の肥料だけで育てます。

左から、赤軸ホウレンソウ、紫コマツナ、紫ミズナ

細く長く肥料を効かせる野菜

元肥に鶏ふんなどの有機質肥料を入れて、ゆっくり効かせます。
もし葉の色がさめたら、チッ素肥料の尿素を200倍以上に薄めて追肥します。

左から、フィレンツェナス、黒キャベツ、コールラビ、スイスチャード

はじめは肥料を少なく、後半にリン酸を効かせる野菜

リン酸肥料の過リン酸石灰を水に溶かして追肥します。

左から、黄ズッキーニ、金美ニンジン、ゴールデンスイート

はじめは肥料を効かせて、後半は肥料を控える野菜

葉や茎などが大きく育つまでは肥料を効かせ、後半はこの葉や茎で育てます。
速効性肥料の硫安や過リン酸石灰、塩化カリを元肥に使います。

左から、赤タマネギ、シャドークイーン、紫カリフラワー、ロマネスコ

色の組み合わせをいかした料理、見せ方

補色を使う

　色の変化は順序だてて並べることができます。たとえば、この図は、赤、黄、緑、青、紫の5色を基本にしたマンセル色相環と呼ばれるものです。

　向かいあった場所に位置する色同士は、おぎないあうという意味で補色と呼ばれます。

　料理の盛りあわせや、商品の袋詰、棚のディスプレイに補色という考え方を取り入れると、全体がグンとおしゃれに、鮮やかになります。

円環の上のほうは暖かく感じる『暖色』、下の方は冷たく感じる『寒色』です。
ここでも補色はいかせます。暖かく感じる色に、冷たく感じる色をあわせるのです。
ただし、なぜか真っ青な野菜はありません。

緑色とその補色、赤紫色をあわせる

野菜の葉緑素は緑色なので、赤紫色の野菜を少しまぜると、おしゃれに、鮮やかになります。

イタリア料理のシェフが作ったチーマディラーパ (p.53) のグリル。上に真っ赤なトウガラシをのせ、黄色い花にあわせて赤紫色（ワインレッド）のプレコーチェ (p.15) を下に敷いています。

チーマディラーパのグリル、花の黄色もあしらって　　葉の緑が映える紫ハクサイ　　緑色がいきる赤オクラ

オレンジ色とその補色、青緑色をあわせる

赤いトマトの中に緑色のトマトを混ぜると、赤が映えます。黄色いトマトも添えて。直売所に並ぶトマトは、トマト自身も目立ちますが、まわりの野菜も同時に引き立てます。

葉つきニンジン。紫色のニンジンと葉の緑色がオレンジ色と黄色のニンジンを際立たせます。

彩り野菜の栽培ごよみ

月ごとの栽培ごよみの見方
- 露地栽培を基本にして、色よく作れる作型を紹介しています。
- 上段は寒冷地、中段は中間地、下段は暖地での栽培の目安です。

栽培情報の見方
- 日照 ☀ 日あたり良く ☁ やや日かげで
- 水分 💧多め 💧普通 💧乾き気味（高ウネ）

土のpH
- 色よく、大きく、軟らかく育つ土のpHの目安です。
- pHを1あげるには、作付け2週間前に1㎡あたり100gの苦土石灰を施用します。pHを下げるにはビーツやスイスチャードなど石灰を好む作物を作付けます。

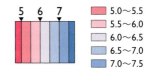

色	pH
	5.0〜5.5
	5.5〜6.0
	6.0〜6.5
	6.5〜7.0
	7.0〜7.5

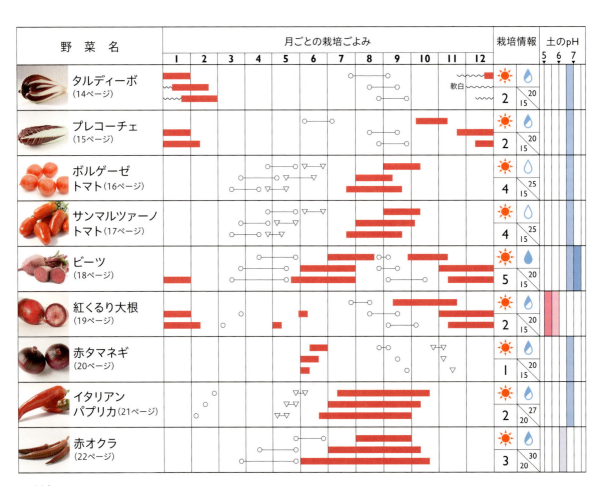

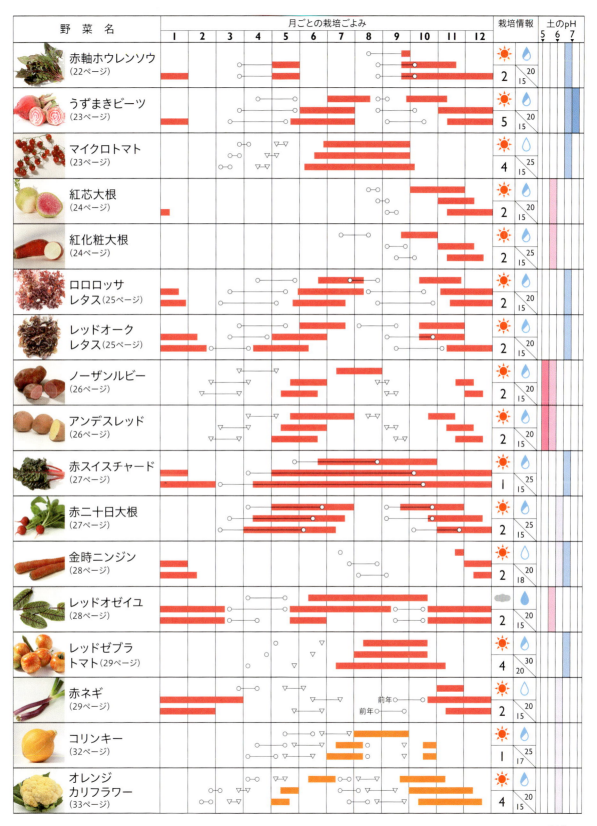

野菜名	月ごとの栽培ごよみ 1 2 3 4 5 6 7 8 9 10 11 12	栽培情報	土のpH 5 6 7
ベーターリッチ (34ページ)		☀ 2 / 💧 25/15	
オレンジナス (34ページ)		☀ 6 / 💧 30/22	
オレンジパプリカ (35ページ)		☀ 2 / 💧 27/20	
オレンジミニパプリカ (35ページ)		☀ 4 / 💧 30/20	
食用ホオズキ (36ページ)		☀ 1 / 💧 28/20	
オレンジミニトマト (36ページ)		☀ 4 / 💧 20/10	
オレンジスイスチャード (37ページ)		☀ 1 / 💧 25/15	
ミニニンジン (37ページ)		☀ 2 / 💧 25/15	
食用菊 (40ページ)	挿し芽	☀ 2 / 💧 25/10	
黄ズッキーニ (41ページ)		☀ 2 / 💧 25/18	
黄スイスチャード (42ページ)		☀ 1 / 💧 25/15	
そうめんカボチャ (43ページ)		☀ 0 / 💧 25/17	
花オクラ (44ページ)		☀ 3 / 💧 30/25	
アスパラ菜 (44ページ)		☀ 2 / 💧 25/15	
ゴールデンビーツ (45ページ)		☀ 5 / 💧 20/15	
金美ニンジン (45ページ)		☀ 4 / 💧 20/15	
黄イタリアンパプリカ (46ページ)		☀ 2 / 💧 27/20	

野菜名	月ごとの栽培ごよみ 1 2 3 4 5 6 7 8 9 10 11 12	栽培情報	土のpH 5 6 7
黄ミニパプリカ (46ページ)		☀ 2 / 27/20 💧	
ゴールデンスイート (47ページ)		☀ 6 / 20/10 💧	
黄金カブ (47ページ)		☀ 1 / 20/15 💧	
プンタレッラ (50ページ)		☀ 2 / 20/15 💧	
セルバチコ (51ページ)		☀ 1 / 25/15 💧	
アーティチョーク (52ページ)	多年草 植替 6年間収穫	☀ — / 20/15 💧	
チーマディラーパ (53ページ)		☀ 1 / 20/15 💧	
マーシュ (54ページ)		☀ 1 / 20/15 💧	
韓国ズッキーニ (エホバッ) (55ページ)	直播	☀ 2 / 28/20 💧	
アスパラソバージュ (56ページ)	植替	☀ 2 / 25/10 💧	
翡翠ナス (57ページ)		☀ 5 / 30/18 💧	
コールラビ (58ページ)		☀ 2 / 23/15 💧	
スベリヒユ (59ページ)		☀ 0 / 30/18 💧	
ロマネスコ (60ページ)		☀ 2 / 20/5 💧	
エンダイブ (60ページ)	軟白	☀ 2 / 25/18 💧	
緑ミニトマト (61ページ)		☀ 4 / 30/15 💧	
リーフチコリー (61ページ)		☀ 2 / 20/15 💧	

野菜名	月ごとの栽培ごよみ 1 2 3 4 5 6 7 8 9 10 11 12	栽培情報	土のpH 5 6 7
緑パプリカ (62ページ)		☀ 💧 2 27/20	
バナナピーマン (62ページ)		☀ 💧 2 27/20	
プチヴェール (63ページ)		☀ 💧 2 25/10	
芽キャベツ (63ページ)		☀ 💧 2 22/18	
イタリアンパセリ (64ページ)		☀ 💧 0 20/15	
チャービル (64ページ)		☀ 💧 0 20/10	
パクチー (コリアンダー) (65ページ)		☀ 💧 0 25/18	
十六ササゲ (65ページ)		☀ 💧 2 30/15	
クウシンサイ (エンサイ)(66ページ)		☀ 💧 2 30/15	
シカクマメ (66ページ)		☀ 💧 4 30/15	
ナーベラー (67ページ)		☀ 💧 2 30/20	
サヤダイコン (67ページ)		☀ 💧 2 25/10	
コゴミ (68ページ)	多年草	☀ 💧 − 25/5	
シュンギク (68ページ)		☀ 💧 2 25/10	
ミニキュウリ (69ページ)		☀ 💧 3 25/15	
わさび菜 (69ページ)		☀ 💧 1 25/10	
ムスクラン (70ページ)		☀ 💧 2 20/15	

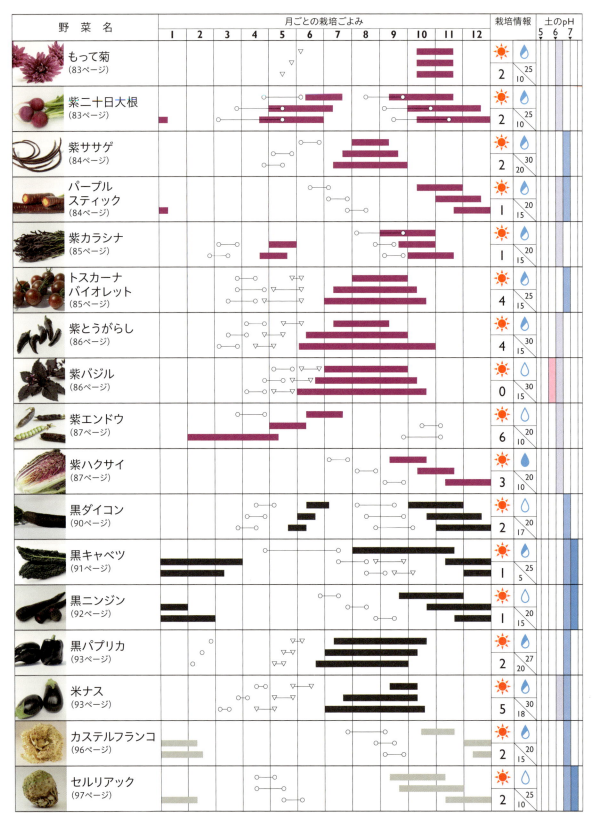

野菜名	月ごとの栽培ごよみ												栽培情報		土のpH		
	1	2	3	4	5	6	7	8	9	10	11	12	☀	💧	5	6	7
リーキ (98ページ)								夏眠					1	20/10			
フェンネル (99ページ)													2	20/15			
白ナス (100ページ)													5	30/18			
カリフローレ (101ページ)			トンネル										2	25/10			
白ゴーヤ (101ページ)													2	30/20			
白トウモロコシ (102ページ)				トンネル					抑制				1	25/15			
ヤングコーン (102ページ)													1	20/15			
ウド (103ページ)				軟白					前々年				—	25/5			
ウルイ (103ページ)				軟白					前々年				—	25/5			
白ニンジン (104ページ)													0	20/10			
白ミニトマト (104ページ)													4	25/15			
UFOズッキーニ (105ページ)													3	23/18			
白タマネギ (105ページ)													1	20/10			
白オクラ (106ページ)													3	30/20			
仙人菊 (106ページ)													2	25/10			
白パプリカ (107ページ)													2	25/15			
スイスチャード (107ページ)													1	25/15			

科名さくいん

彩り野菜は、古くから作られていた野菜も多く、原産地の環境を好む性質がまだ色濃く残っています。例えば、季節ごとの最低最高気温、日長、降水量、その土地の水はけや土質などもそうです。その環境の中で、発芽、生育し、開花して種子を残します。

それぞれの野菜が好む栽培環境は、おおよそ「科」ごとに共通点があります。今まで作ったことがない野菜を栽培するときには、その野菜と同じ科に属する、作ったことがある野菜の栽培の経験を参考にすると、その野菜を作りこなすコツを早くつかむことができます。

科を五十音順、科の中は野菜の種類ごとに、まとめて本書の色の順に並べました。それぞれの野菜の栽培ごよみは、116〜123ページに、本書の色順にありますので、そちらも参考にしてください。

科名	色	名前	ページ
アオイ科		赤オクラ	22
		花オクラ	44
		白オクラ	106
アブラナ科		紅くるり大根	19
		紅芯大根	24
		紅化粧大根	24
		赤二十日大根	27
		サヤダイコン	67
		紅しぐれ大根	78
		紫二十日大根	83
		黒ダイコン	90
		オレンジカリフラワー	33
		ロマネスコ	60
		グリーンカリフラワー	71
		紫カリフラワー	78
		カリフローレ	101
		プチヴェール	63
		芽キャベツ	63
		紫芽キャベツ	82
		黄金カブ	47
		あやめ雪カブ	80
		アスパラ菜	44
		セルバチコ	51
		チーマディラーパ	53
		コールラビ	58
		わさび菜	69
		紫ケール	77
		紫ミズナ	79
		コウサイタイ	79

科名	色	名前	ページ
アブラナ科		紫コマツナ	81
		紫カラシナ	85
		紫ハクサイ	87
		黒キャベツ	91
イネ科		白トウモロコシ	102
		ヤングコーン	102
イワデンダ科		コゴミ	68
ウコギ科		ウド	103
ウリ科		黄ズッキーニ	41
		韓国ズッキーニ（エホバッ）	55
		UFOズッキーニ	105
		コリンキー	32
		そうめんかぼちゃ	43
		ナーベラー	67
		ミニキュウリ	69
		白ゴーヤ	101
オミナエシ科		マーシュ	54
キク科 ※チコリ類		タルディーボ ※	14
		プレコーチェ ※	15
		プンタレッラ ※	50
		エンダイブ ※	60
		リーフチコリー ※	61
		カステルフランコ ※	96
		食用菊	40
		もって菊	83
		仙人菊	106
		ロロロッサレタス	25
		レッドオークレタス	25
		アーティチョーク	52

科名	色	名前	ページ
キク科	紫	紫アーティチョーク	75
	緑	シュンギク	68
	紫	スイゼンジナ	76
キク科 ナデシコ科 アブラナ科	緑	ムスクラン	70
キジカクシ科	白	ウルイ	103
シソ科	緑	エゴマ	71
	紫	紫バジル	86
スベリヒユ科	緑	スベリヒユ	59
セリ科	赤	金時ニンジン	28
	オレンジ	ベーターリッチ	34
	オレンジ	ミニニンジン	37
	黄	金美ニンジン	45
	紫	パープルスティック	84
	黒	黒ニンジン	92
	白	白ニンジン	104
	緑	イタリアンパセリ	64
	緑	チャービル	64
	緑	パクチー（コリアンダー）	65
	白	セルリアック	97
	白	フェンネル	99
タデ科	赤	レッドオゼイユ	28
ナス科	赤	イタリアンパプリカ	21
	オレンジ	オレンジパプリカ	35
	オレンジ	オレンジミニパプリカ	35
	黄	黄イタリアンパプリカ	46
	黄	黄ミニパプリカ	46
	緑	緑パプリカ	62
	緑	バナナピーマン	62
	紫	紫パプリカ	82
	黒	黒パプリカ	93
	白	白パプリカ	107
	赤	ボルゲーゼトマト	16
	赤	サンマルツァーノトマト	17
	赤	マイクロトマト	23
	赤	レッドゼブラトマト	29

科名	色	名前	ページ
ナス科	オレンジ	オレンジミニトマト	36
	緑	緑ミニトマト	61
	紫	トスカーナバイオレット	85
	白	白ミニトマト	104
	オレンジ	オレンジナス	34
	緑	翡翠ナス	57
	紫	ヴィオレッタ・ディ・フィレンツェ	74
	紫	ゼブラナス	81
	黒	米ナス	93
	白	白ナス	100
	赤	ノーザンルビー	26
	赤	アンデスレッド	26
	紫	シャドークイーン	80
	オレンジ	食用ホオズキ	36
	紫	紫とうがらし	86
ヒユ科	赤	赤スイスチャード	27
	オレンジ	オレンジスイスチャード	37
	黄	黄スイスチャード	42
	緑	スイスチャード	107
	赤	ビーツ（テーブルビート）	18
	赤	うずまきビーツ	23
	黄	ゴールデンビーツ	45
	緑	アグレッティ	70
	緑	赤軸ホウレンソウ	22
ヒルガオ科	緑	クウシンサイ（エンサイ）	66
マメ科	黄	ゴールデンスイート	47
	紫	紫エンドウ	87
	緑	十六ササゲ	65
	紫	紫ササゲ	84
	緑	シカクマメ	66
ユリ科	赤	赤タマネギ	20
	白	白タマネギ	105
	赤	赤ネギ	29
	白	リーキ	98
	緑	アスパラソバージュ	56

おもな種子の入手先

店名	〒	住所	電話
SNCサッポロノウエン	064-0924	北海道札幌市中央区南24条西11-2-11	011-533-6541
(有)渋谷種苗店	030-0852	青森県青森市大野字玉島30-8	017-729-4545
清水屋種苗園芸	966-0818	福島県喜多方市字2-4658	0241-22-0379
パイオニアエコサイエンス(株)	105-0001	東京都港区虎ノ門3-7-10 ランディック虎ノ門ビル7F	03-3438-4731
ナチュラル・ハーベスト(有)	160-0023	東京都新宿区西新宿4-14-7 新宿パークサイド永谷906	03-6912-6330
朝日工業(株)種苗部	367-0394	埼玉県児玉郡神川町渡瀬222	0274-52-6304
(株)サカタのタネ	224-0041	神奈川県横浜市都筑区仲町台2-7-1	045-945-8800
(株)アタリヤ農園	289-0392	千葉県香取市阿玉川1103	0478-83-3125
日光種苗(株)	321-0905	栃木県宇都宮市平出工業団地33番地	028-662-1313
トキタ種苗(株)	337-8532	埼玉県さいたま市見沼区中川1069	048-685-3190
たねの森	350-1252	埼玉県日高市清流117	042-982-5023
野口のタネ	357-0067	埼玉県飯能市小瀬戸192-1	042-972-2478
(有)つる新種苗	390-0811	長野県松本市中央2-5-33	0263-32-0247
(有)高木農園	390-0841	長野県松本市渚2-3-22	0263-25-9833
岩倉種苗店	422-8044	静岡県静岡市駿河区西脇775-1	054-286-5700
(株)増田採種場	438-0817	静岡県磐田市上万能168-2	0538-35-8822
ソスイ種苗園	457-0862	愛知県名古屋市南区内田橋1-25-17	052-691-0512
松永種苗(株)	483-8212	愛知県江南市古知野町瑞穂3	0587-54-5151
(株)三重興農社	510-0874	三重県四日市市河原田町1007-11	059-347-8551
(株)太田種苗	523-0063	滋賀県近江八幡市十王町336	0748-34-8075
赤松種苗(株)	543-0056	大阪府大阪市天王寺区堀越町11-11	06-6771-4560
タキイ種苗(株) 通販係	600-8686	京都府京都市下京区梅小路通猪熊東入180	075-365-0140
丸種(株)	600-8691	京都府京都市下京区七条新町西入	075-371-5101
(株)大和農園 通信販売部	632-0077	奈良県天理市平等坊町110	0743-62-1185
ナント種苗(株)	634-0077	奈良県橿原市南八木町2-6-4	0744-22-3351
(有)フタバ種苗卸部	901-1205	沖縄県南城市大里字高平871	098-963-6011

タネの入手は、まずお近くの種苗店か農協へ。上記メーカーなどから取り寄せてもらえることが多いようです。
インターネットでご購入の場合、検索するときに、野菜の名前のうしろに「種」と入れて調べると比較的早く、タネ販売サイトにたどりつきます。

参考文献

書名	著者名	出版社	発行年	栽培	料理	機能	歴史	おすすめ
西洋野菜の本	鈴木博・持丸与助	婦人画報社	1961年	○	○		○	○
特産案内120種	草川俊・大沢章、他	農文協	1976年	○	○		○	
図説 野菜の生育	藤井平司	農文協	1978年	○				○
中国野菜の本	小笹六郎・西川術夫	文化出版局	1983年	○	○			
明治農書全集6 蔬菜栽培法	松原茂樹編	農文協	1984年	○				
旬を食べる	藤井平司	農文協	1986年		○			
山菜栽培全科	大沢章	農文協	1986年	○			○	
野菜探検隊世界を歩く	池部誠	文藝春秋	1986年	○			○	
マリオのイタリア料理	西川治	草思社	1987年		○			
新顔の野菜たち	出版プロジェクト室編	朝日新聞社	1989年		○			
市場の新顔野菜	吉田よし子	誠文堂新光社	1991年		○		○	
野菜・山菜博物事典	草川俊	東京常出版	1992年		○		○	
西洋野菜料理百科	ジェイン・グリグソン、他	河出書房新社	1995年		○		○	
マルシェ	辻調理師専門学校編	講談社	1995年		○			
野菜の食卓	ロバート・バドウィグ、他	西村書店	1995年		○		○	○
おいしい花	吉田よし子	八坂書房	1997年		○			
洋菜ものがたり	大木健二	日本デシマル	1997年		○			
韓国家庭料理入門	金日麗・鄭大聲	農文協	1998年		○			
野菜の博物誌	青葉高	八坂書房	2000年				○	
沖縄家庭料理入門	渡慶次富子	農文協	2000年		○			
東南アジア市場図鑑 植物篇	吉田よし子	弘文堂	2001年		○		○	
地方野菜大全	タキイ種苗(株)出版部編	農文協	2002年		○			
サラダ野菜の植物史	大場秀章	新潮社	2004年		○		○	
魔法の7色野菜	中村丁次(監修)	法研	2008年			○		
北海道の新顔野菜	安達英人	デーリィマン社	2011年	○				
アイルランド料理	松井ゆみ子	河出書房新社	2013年		○			
花咲くポタジェの庭	難波光江	世界文化社	2013年	○				
新顔野菜の料理	安達英人(監修)	デーリィマン社	2014年		○			
はじめてのイタリア野菜	藤目幸擴	農文協	2015年	○				○
北海道の新顔野菜パートⅡ	安達英人	デーリィマン社	2015年	○				
食べる世界地図	ミーナ・ホランド、他	エクスナレッジ	2015年		○		○	
色の教科書	桜井輝子(監修)	学研	2015年		○			
超図解土と肥料入門	加藤哲郎	家の光協会	2016年	○				
Cooking for Geeks	Jeff Potter、他	オライリー	2016年		○			○
野菜の作型と品種生態	山川邦夫	農文協	2016年	○				
食品成分表2017	実教出版編修部	実教出版	2017年		○	○		
アメリカ南部の野菜料理	アンダーソン夏代	誠文堂新光社	2017年		○			
食品の化学と機能	青柳康夫・津田孝範	建帛社	2017年			○		
最新農業技術 野菜vol.10	農文協編	農文協	2017年	○				

発行順です。便宜的に、本でとりあげている内容を大まかに分類してみました。それしか載っていないというわけではありません。特におすすめしたい本にも印をつけてみました。

監修者紹介
藤目 幸擴〈ふじめ・ゆきひろ〉

昭和44年、京都大学大学院農学研究科修了。

香川大学、京都府立大学教授を歴任、平成20年3月に退官。現在、京都府立大学名誉教授、NPO京の農・園芸福祉研究会理事長、京都園芸倶楽部副会長。農学博士（京都大学）、昭和58年、園芸学会賞奨励賞受賞。

野菜の生理・生態が専門で、海外の園芸事情に詳しく、イタリア野菜の栽培指導なども行なう。

主な著書に『はじめてのイタリア野菜』、『ブロッコリー・カリフラワーの作業便利帳』、『Q&A絵でみる野菜の育ち方』、『ブロッコリー・カリフラワーの絵本』、『野菜の発育と栽培』（以上農文協）。『園芸ハンドブック』（講談社、共著）、『園芸の世紀2・野菜を作る』（八坂書房、共著）、『蔬菜園芸』（文永堂、共著）、『バイオが作る人類の夢』（法律文化社、編著）ほか。

協力（五十音順・敬称略）
石井利幸（千葉県船橋市・農家）
苅部博之（神奈川県横浜市・農家）
越雲宏（栃木県那須烏山市・農家）
鈴木智哉（福島県郡山市・農家）
田倉剛（千葉県南房総市・農家）
新納裕輔（東京都・シェフ）

写真撮影
依田賢吾（p23, 26, 30, 36, 37, 59, 68, 69, 79, 103）

写真提供（五十音順・敬称略）
Associazione Pro Loco Castelfranco Veneto（p96）
安藤康夫（p74）
新潟県柏崎市（p106）
原田慶子（p72）
久谷満香（p14）

おいしい彩り野菜のつくりかた　7色で選ぶ128種

2018年4月10日　第1刷発行

監修者　藤目　幸擴
編　者　一般社団法人　農山漁村文化協会

発行所　一般社団法人　農山漁村文化協会
〒107-8668 東京都港区赤坂7-6-1
電話　03（3585）1141（営業）　03（3585）1147（編集）
FAX 03（3585）3668　振替00120-3-144478
URL http://www.ruralnet.or.jp/

ISBN978-4-540-16135-3
〈検印廃止〉
Ⓒ農文協 2018 Printed in Japan
乱丁・落丁本はお取り替えいたします。

デザイン・DTP制作／安田真奈己
印刷・製本／凸版印刷（株）
定価はカバーに表示